丛书编委会

总 策 划：来新国　王文成

编委会主任：郭齐勇　周晓亮

编 委：来新国　陈知涯　张　彧　尹格韬　沈　众

　　　　　王文成　孟淑贤　周长志　罗养毅　秦　丹

　　　　　乌　琛

大家精要
典藏版丛书

简读

希罗多德

王三三　著

陕西师范大学出版总社　西安

图书代号　SK24N1918

图书在版编目（CIP）数据

简读希罗多德 / 王三三著 . — 西安：陕西师范大学
出版总社有限公司，2024.10
　　（大家精要：典藏版 / 郭齐勇，周晓亮主编）
　　ISBN 978-7-5695-4156-4

　　Ⅰ.①简… Ⅱ.①王… Ⅲ.①希罗多德（约前 484-
前 425）－人物研究　Ⅳ.① K835.455.81

中国国家版本馆 CIP 数据核字（2024）第 027782 号

简读希罗多德
JIAN DU XILUODUODE

王三三　著

出 版 人	刘东风
策划编辑	刘　定　陈柳冬雪
责任编辑	宋媛媛
责任校对	陈柳冬雪
封面设计	龚心宇　张潇伊
出版发行	陕西师范大学出版总社
	（西安市长安南路 199 号　邮编 710062）
网　　址	http://www.snupg.com
印　　刷	深圳市福圣印刷有限公司
开　　本	889 mm×1194 mm　1/32
印　　张	6.125
插　　页	4
字　　数	110 千
版　　次	2024 年 10 月第 1 版
印　　次	2024 年 10 月第 1 次印刷
书　　号	ISBN 978-7-5695-4156-4
定　　价	49.00 元

读者购书、书店添货或发现印装质量问题，请与本公司营销部联系、调换。
电话：（029）85307864　85303629　传真：（029）85303879

目录

引　言

历史可以被看作跨越时间洪流，把过去和现在连接起来的一座巨大的桥梁。这座桥的入口笼罩在远古迷雾之中。希罗多德就是这座以历史女神缪斯命名并奉献于她的动人的伟大结构上第一个清晰可辨的桥拱。

——J.W. 汤普森《历史著作史·著者前言》

西方史学源远流长，倘溯其源头，自当要回到古希腊人那里。因为历史学正是希腊人的发明。古希腊史学不仅确立了古典史学的最初范式，而且为后世西方史学的发展和繁荣作出了不朽的贡献。在古希腊史学的初始阶段，名留于后世者并不鲜见。其中，被古罗马政治家和大学者西塞罗称为

"历史之父"的希罗多德无疑是最伟大的一位。

希罗多德（Herodotus），大约出生于公元前484年的小亚细亚爱琴海滨的希腊人殖民地——哈利卡尔那索斯。在他出生的那个年代，这里已是波斯的辖区，因此，若按照现代人的政治观念来说，希罗多德也是波斯的属民。希罗多德在哈利卡尔那索斯度过了自己的少年时代，后因政治原因被迫移居异乡，从而开始了海阔天空般的人生游历，足迹遍及那个时代希腊人所能了解到的世界的大部分地区。在40岁左右的时候，希罗多德参与了雅典人在意大利南部城市图里伊的殖民活动，于是暮年西渡，在图里伊度尽余生，约于公元前424年前后逝世于此地。在自幼所受系统教育的基础上，希罗多德躬身实践，实地探访，追源溯流，以明真相，从而掌握了大量的第一手材料，创作了西方史学中里程碑式的旷世名作——《历史》。

希罗多德生活的公元前5世纪是一个战争不断的年代，这一历史时期无论是对于希腊还是波斯都有着极为重大的意义。波斯帝国自大流士一世以来，势力达至顶峰，疆土扩及南亚地区和印度西北、埃及以及小亚细亚西海岸希腊人所居之处。此时的希腊人早已在小亚细亚西海岸地区建邦立业，繁衍生息，与周边地区广事贸易。于是，随着各自势力的相向延伸，在小亚细亚地区，双方的冲突便不可避免了，希腊波斯战争由是而起。这场战争既改变了古希腊的命运，也改变了波斯帝国的命运。希罗多德不仅是把关于希波战争的最可靠记述留给后世的人，同时也是第一位有完整作品传世的西方史家。

但是，《历史》所记之事并不只限于希腊和波斯之间的战争，它是希罗多德所熟知的那个时代的世界史。希罗多德自幼生活于希腊文明和东方文明相互交融的小亚细亚地区，他对于古希腊和古代东方的历史文化的理解自然要多于希腊本土的希腊人。凭借着自己先天的禀赋和后天的勤奋探索，希罗多德在旅行的过程中尽可能地记录了自己在希腊和东方世界的一切见闻。他以恢宏的视野和生动的笔法娓娓叙述了当时吕底亚、米底、埃及、亚述、巴比伦、波斯以及斯基泰人和希腊等民族的政治发展、经济制度、宗教习俗和风土人情诸方面的内容。正是如此，《历史》才被后世的研究者形象地称为"小型百科全书"。它所记内容丰富，且多为希罗多德本人亲自调查实践的结果。因此，《历史》是有关西亚、北非和希腊等地区的一部通志，为后世的研究提供了极为宝贵的史料。可以说，了解希罗多德及其作品不仅是在了解他本人和那个时候的希腊历史，更是在了解他所生活的那个时代的埃及、西亚尤其是波斯的历史。

希罗多德所提倡的探求历史事件之间因果关系的科学精

神是他对历史学的一个巨大贡献，这是我们有必要了解希罗多德的又一个原因。《历史》开篇即言：

> 在这里发表出来的，乃是哈利卡尔那索斯人希罗多德的研究成果，他所以要把这些研究成果发表出来，是为了保存人类的功业，使之不致由于年深日久而被人们遗忘，为了使希腊人和异邦人的那些值得赞叹的丰功伟绩不致失去它们的光彩，特别是为了把他们发生纷争的原因给记载下来。

值得注意的是，希罗多德声明自己不仅是为了保存过去的事情，更在于"研究"发生纷争的"原因"。用阿诺德·莫米利亚诺的话来说："他（指希罗多德）不只是仅仅挽救事实免于湮没，他其实还引导历史研究走向探知未来的和被遗忘的方向。"从这一点上说，希罗多德所做的无疑符合柯林伍德所说的科学历史学所应具备的四个特点，即它是科学的、人文主义的、合理的以及显示自我的。希罗多德的作品原本是对自己所叙述的希腊人和外邦人发生纷争的事件的调查和研究，"特别是为了把他们发生纷争的原因给记载下来"，后来才演化为我们熟知的"Historia（历史）"一词。这里面透射出的探求精神则无疑要比他的前辈深刻得多了。他不仅是在"叙述"，更是在作"分析"和"研究"，早期爱奥尼亚"史话家或散文说书家（Logographers）"的特征在他身上逐渐地被一种更为科学的求真精神所覆盖。诚如法国古典学家克罗瓦塞所言，希罗多德用"历史"一词作为自己著作的标题，从而标志着一场文学革命，称其为"历史之父"是恰如其分的。

虽然希罗多德的作品充满着很多神话故事和口头传闻，但他绝对不是不加批判的。他本人说："我的职责是把我所听到的一切记录下来，虽然我并没有任何义务来相信每一件事情。"但在很多地方他又会作出取舍，于是他告诉读者："对于我的全部历史来说，这个说法我以为是适用的。"其作品中所体现出的这种人文主义的态度，乃是一切历史家所应有的最基本的素养。这种精神乃是希罗多德的发明，无怪乎 J.W. 汤普森说："在所有曾经存在过的历史作家中，希罗多德是最接近于不朽的了。"

不仅如此，希罗多德的成就及其地位还表现在其他的很多方面。比如，我们可以透过《历史》看到他平等的民族观念，这种客观和冷静是那个时代的希腊人中极罕见的，为以后的古典史学开创了优良的传统；希罗多德不仅在历史学领域蜚声遐迩，而且在很多学科上亦是成就斐然，贡献良多。他不仅拥有"历史之父"的美名，而且还戴有"旅行家之父""人类学之父""地理学之父"以及"散文学之父"等多顶桂冠；此外，希罗多德还是一个讲故事的高手，他兴趣广博，思维开阔，构思精巧，文笔独到，其作品不仅是一部史书，更是一部流传甚久的文学读物，优美的语言和妙趣横生的故事使它从来没有失去自己的读者。

总之，作为西方史学的开山者和里程碑式的人物，希罗多德不仅影响着西方史坛的发展和变革，而且其影响早已扩展到了两千多年后今天的整个世界。对于他及其传世之作《历史》的介绍和讨论便是本书的主要内容。

本书在写作过程中得到了导师杨巨平教授的悉心指导，在此特别感谢。书中所引述《历史》的内容，有个别的地方参考了徐松岩译本，若无特别说明外，皆出自王以铸译本。

第 1 章

《历史》的写作

变革的年代

爱奥尼亚的曙光

只要看一眼欧洲的地图，我们就会获得对希腊半岛的一般印象：三面环海，曲折的海湾，少有河流，海岛纷呈于被淹没的山系所幸存下来的突出部分，肥沃的平原和荒秃的山地相互交错。这个在房龙笔下被形象地描述为由欧洲伸向亚洲的"巴尔干大手"的地方，多山地，可耕地并不是很多。希腊半岛是以葡萄和橄榄种植为特色的地区，当它的可耕地不能满足有效种植，并且人口过多的时候，人们的生活必然会冲破最初只依靠于有限土地的藩篱，索取于海上。

在公元前 8 世纪的时候，希腊社会出现了这样的情况：由于贫富分化引起的土地兼并使很多小自耕农失去了生存的依靠，人口的相对增长也对社会造成了压力。重新分配土地的呼声愈加高涨，解决这一困境的有效途径便是殖民运动。于是从公元前 8 世纪中叶开始，希腊人掀起了一波海外殖民的浪潮，其范围遍及西部地中海和整个黑海沿岸以及意大利南部和西西里一带。这一运动的首要目的显然是土地而非贸易，但是它却极大地刺激了贸易和工业，以至于有些后期的殖民者眼睛便只盯着贸易而不是农业。希腊人的海外殖民运动历经近两个世纪，它不仅确定了古希腊文明的地理范围，而且将希腊人的生活世界扩大到了一个更为广阔的空间。到了公元前 7 世纪，殖民运动规模日盛，爱琴海的海上贸易逐渐从腓尼基人的手里转移到了希腊的贸易商，尤其是阿提卡的居民手里。希腊人与埃及、小亚细亚以及巴比伦地区的交流更加频繁了，此时，人们交流的不仅是金属制品、纺织品和雕刻品，更是观念和文化。

与殖民运动开展的同时，希腊社会内部也出现了深刻的变革，城邦（Polis）大规模出现了，它的特征是"公民国家（City-state）"。正如很多学者所认为的那样，城邦的出现使得希腊人第一次开始谈及自己是雅典人或斯巴达人，或者其他城邦人。城邦的出现源于对正义的需要，共同体的事务也就是每个公民自身的事务。这种共同体保证了相对民主的环境和空前自由的氛围，为希腊人提供了思想解放和精神发展的客观条件，这预示着一个新的时代即将到来。

至公元前 6 世纪，由于土地问题所引起的社会矛盾得到了一定的解决，当社会财富的积累为一些人保证了闲暇（因为在那个时代，闲暇就意味着积极地参加各种活动）的时候，希腊世界出现了前所未有的变革。这种变革普遍表现为这样的一种认识——人能够通过理智而无须求助于超自然的东西，就可以弄清主宰世界万物的力量。正如雅斯贝尔斯所说的那样，在理性反对神话的历史进程中，对于生命原有的那种公认的解释被动摇了，神话时代的"宁静和明白无误"变成了"对立和矛盾的不宁"。他称人性的这一全盘改变为精神化。根据目前的记载，希腊世界的这一现象最早发生在爱奥尼亚地区，而促成这一动摇的乃是这次爱奥尼亚知识革命的摇篮和中心——米利都。我们的讲述从西方第一位哲学家米利都人泰勒斯那里开始。

据说在一个秋日的夜晚，大学者泰勒斯行走于旷野，抬头望着星空，满天星斗，他预言第二天会下雨，就在这时，他掉进了一个坑中差点摔死。别人把他救了起来，他说谢谢你把我救起来，你知道吗？明天会下雨啊。第二天，果真下了雨，人们对他在气象方面的知识如此丰富赞叹不已。有人却不以为然，说泰勒斯知道天上的事情，却看不见脚下的东西。于是有笑话说哲学家是只知道天上的事情而不知道脚下发生什么事情的人。两千多年后，德国大哲学家黑格尔听到这个故事后，说了大概是这样的话：一个民族只有有了那些关注天空的人，这个民族才有希望；如果一个民族只关心眼下脚下的事情，这个民族是没有未来的。

从公元前6世纪开始，随着理性精神对于原有生命解释的逐渐动摇，希腊哲学家普遍面临着这样的问题：既然神话传说中的精神不能体现永恒性，那么，在这一切变化运动的世界上，什么才是永恒的呢？对于"始基"（arche，多义词，有开端、起源、终极、原则等含义）的思考似乎是希腊思想的一贯特征，哲学家更不例外。早期赫西俄德（约公元前7世纪的诗人）时代认为万物的"arche"为混沌的解释远不能满足人们在理性中的追求，这时的哲学家开始把自然作为外在的对象加以研究。在泰勒斯看来：水是万物的始基，水是最终的实在。或许有人会问，这到底有什么重要的？我们之所以强调这一点是因为泰勒斯看出了世界好像是什么与它实际上是什么之间的区别。在两千多年前的希腊，要意识到世界似乎是由某种元素或质料所构成的，这就是一种了不起的伟大的精神觉醒。

西方的传统一般认为，泰勒斯是希腊最早的哲学家。他率先通过观察获得的经验的事实从而对世界的本原进行探讨，开创了以爱智为基本追求的哲学思考。不管作为一种物理学理论的这一最初开端看上去是多么粗陋，但是它毕竟意味着一种新理论的开端。继泰勒斯之后，他的学生米利都人阿那克西曼德和阿那克西美尼提出了世界的本原是"无限定"（希腊语 apeiron）和"气"的理论。爱奥尼亚的另外两位哲学家萨摩斯人毕达哥拉斯提出了"万物皆数"，以弗所人赫拉克利特提出了"火的哲学"和"逻各斯"（Logos）的概念。此外，还有对荷马和赫西俄德大加批评的克罗芬人色诺芬所倡导的对于传统神话观念的批判。

且不说哲学在此后的发展如何，其实在前苏格拉底的爱奥尼亚哲学家那里，希腊哲学就已经开始大胆地并几乎是猛烈地开辟了由神话通向理性（逻各斯）的道路。这一从神到人的知识革命所宣告的便是理性主义，它所确立起来的反思和批判的意识，尤其是通过观察事实来探索问题的这种精神，对于史学的影响很快就被接下来所发生的一切给证实了。

可以想见，当这种对宇宙问题的唯理论解释渗透到了文学创作上的时候，由于它要求严格而又精确的表述方式，因此传统的诗体形式在这种科学看来必然是"一种令人遗憾的障碍"，于是散文出现了。很快，原有的那些用史诗体的六音部韵律诗（如史诗、戏剧诗）写成的关于神与英雄的故事也改用散文的体裁表达了。同时，各个城邦内部的编年记事也在祭司或官吏的手里以科学散文的形式记载着，比如，阿尔哥斯地区的女祭司或是许多希腊城邦的执政官以自己的名字来记录一年之内发生的事情（名祖的记录）等此类的年代记的出现。此外，旅行记事亦是如此。

爱奥尼亚地处小亚细亚沿岸，东西交通之要冲，它一方面能体验到希腊本土的社会变迁，另一方面也能接受巴比伦和埃及的文化影响。到了公元前 6 世纪下半期，这里的政治变动进一步开拓了爱奥尼亚人的视野，波斯人的征服激发了在城邦的民主氛围中成长起来的那些具有一定文化修养的学者的好奇心。正是在这样的环境下，史学在爱奥尼亚诞生了，而哈利卡尔那索斯人希罗多德正是这些学者中最优秀的代表。

克里奥的赠礼

在文字逐渐被创造出来的时候，它的使用范围是极其有限的。人们最多是在青铜、陶器或是碑石上作简短记录时才采用文字。但是对于过去的宏大叙事该如何保存呢？最好的方法就是口头传诵。当人们在力图保存这种过去所发生的一切值得记忆的事情时，他们发现了一种较好的传诵形式，于是诗歌作为最初的文学体裁，因其有节奏的形式和富有韵律的语言赢得了人们的喜欢。这种流行的传诵形式就是为什么中国最初的作品是《诗经》，印度是《摩诃婆罗多》，而在希腊则是《荷马史诗》的原因了。

史诗在希腊的历史舞台上徘徊了很多个世纪后，至古风时代，文学体裁才逐渐从传统诗体的羁绊之下摆脱出来，抒情诗得以兴盛。再至古典时代，散文开始兴起并占据了主要的地位，而这种散文最伟大的成就——历史，乃是历史女神克里奥所赐予希腊的礼物。

克里奥是古希腊神话中9个缪斯女神之一，她最初司掌叙事诗。只是到了古典时代，这位女神才被赋予了司掌历史的职能。这一变化仍可在"克里奥"一词最初所表达的含义上来理解，希腊语"Κλειώ"源于"Κλέω/Κλείω"，意为"（以史诗）叙述"或"（以史诗）扬名"，后来才有了"历史女神克里奥"的含义。这种词源上的转变，也从一个侧面反映了前文所述及的古希腊文学体裁转变这一过程所表达的意思。这也告诉我们一个事实，即希腊世界有文字记载的历史只是晚近的事，追溯不到很久远的时期。

虽然在希腊时代以前的几千年，美索不达米亚和埃及就已经有了初步的类似于编年史性质的历史记载，但正如古典学巨擘维拉莫威兹·莫伦道夫所总结的那样，他们都没有迈向真正历史写作的决定性一步，所有古代闪米特人缺少的正是希腊人使历史著作发展为一种自觉艺术的那种优异品质。因此，他说："我们所有的历史著作和所有的自然科学一样，是完全建立在希腊人奠定的基础上的。"英国史家约翰·伯里说得更为明确："希腊人不是最先采取编年体形式来记录人类活动的人，但是他们是最早将批判的方法应用于对人类过去活动的记载的人。"这便意味着，他们开创了历史学。

伯里所说的希腊人所有的"批判的方法"，便是维拉莫威兹所说的他们的"那种优异品质"，其最主要的表现则是希腊历史学家的观念中普遍存在着的"求真的精神、写实的态度和分析的眼光"，历史记载的乃是"人事"，而不是"神事"。柯林伍德说，希腊人非常清楚地并有意识地不仅认为历史学是（或者可能是）一门科学，而且认为它必须研究人类的活动。希腊的历史学不是传说，而是研究；它是试图对人们认识到自己所不知道的那些问题作出明确的答案。正是如此，历史学作为一门科学乃是希腊人的发明这一事实，直到今天还在以历史学这个名称被记载着。毫无疑问，这一发明的最大功臣自然是被称为"历史之父"的哈利卡尔那索斯人希罗多德了。

《历史》的内容与创作

我们今天看到的希罗多德的作品，也就是这部用散文写成的史诗。它最初是没有名称的，这是他那个时代的习惯。而当后来的注释家们在精心解读他的作品开篇的每一个词时，发现了最具有意义的一个词"ἱστορία"，因此，他的作品才有了《历史》的名称。显然，"历史"一名是后人基于深层解释意义上引申的结果。在这部作品问世至今的2500多年来，对它的理解和研究仍然充满着很多的争议，莫米利亚诺在评论希罗多德时曾说："他的作品的秘密至今仍未完全道出。"至今，这一点仍还是事实。

《历史》的结构及其内容

前已提及，希罗多德的作品最初是没有名称的，现在的人所看到的他的作品之所以被称为《历史》以及单独成卷的事实，并不是他的本意。可能是为了方便，大约在公元前280年之后，亚历山大里亚的希罗多德注释家将原著分成了8卷，而其中最多的一卷即现在第5卷和第6卷的合卷。大约又在公元前99年之前的某个时期，学者又将8卷分成了9卷，其中每一卷上面都冠以一位文艺女神缪斯的名字。因此，这部书有时也被称为《缪斯书》。《历史》充满了很多的传说、诗歌和故事，它被视为文艺作品，被冠以文艺女神的名字的划分本身就反映了早期历史与史诗之间的亲密关系。

《历史》的结构给人们最大的印象就是它特殊的讲述方式，即当希罗多德在叙述一件事时，往往在中途会插叙第二件事，有时甚至是在第二个插叙中插入第三件事情。这种特有的"插叙"方法是古代东方文学发展的一个特色，正如卢里叶在《希罗多德论》中所指出的那样，早在亚述—巴比伦时期就已经有了这类讲述方式的故事，而拉丁作家阿普列尤斯的《变形记》(又名《金驴记》)和阿拉伯的《天方夜谭》便是后来这种布局的范例。可以说，正是这种特有的插叙方式影响了读者对于希罗多德作品没有一个主题的宏观印象。但是读者应该不会忘记，希罗多德那个时期的希腊文化生活基本上还是一种口头文化，作家们对于文学作品最好的传播途径就是大声地朗读，而这种大故事套小故事的插叙正满足了朗读作品时的需要。希罗多德在朗读作品时获得的荣誉便是很好的证明，德国古典学大师雅各比对希罗多德配置材料的巧妙手法大加赞赏。虽然读者在初读《历史》时往往被大故事套小故事的结构搞得有点头晕，但是稍作分析，则不难发现希罗多德用他高超的叙事技巧和优美的语言所记载的故事显然是有着高度的统一性的，他的作品始终维持着一种紧凑清晰的逻辑关系。

亚历山大里亚注释家的分法是聪明的，因为划分之后的各卷有着一个明确的主题，现将各卷内容略作介绍：

第1卷（Clio，克里奥，216章）：开篇说明写作目的是"为了保存人类的功业"，"特别是为了把他们发生纷争的原因给记载下来"，由此开始追溯希腊人与异邦人发生的历次冲突。在叙述吕底亚国王克洛伊索斯（约前595—前547）为了进攻波斯人而向德尔菲求神谕时，插叙了雅典和斯巴达的历史，接着讲述了吕底亚王国的历史和波斯帝国的缔造者居鲁士大帝（约前599—前529）的传奇身世，最后叙述了居鲁士对小亚细亚爱奥尼亚人、亚述人、巴比伦人和玛撒该塔伊人的征服及其被后者所杀的经过。

第2卷（Euterpe，攸忒蓓，182章）：叙述居鲁士之子冈比西斯（约前529—前522）继位后亲自着手对埃及的征服。希罗多德在这里以插叙的手法用大量的篇幅来专门介绍埃及的地理、政治、经济、历史、风俗以及埃及的社会结构。因此，这一卷可以被视为独立成篇的"埃及志"。

第3卷（Thalia，塔莉娅，160章）：在讲述了冈比西斯对埃及的征服过程后，插叙萨摩斯的相关事情。波斯宫廷苏撒发生政变，冈比西斯正要返回时，却意外身亡于叙利亚的阿格巴塔拿。接着讲述冈比西斯的岳父欧塔涅斯和大流士等人组成"七人集团"杀死篡位者，大流士成功夺得王位以及为建立何种政权而展开的讨论等一系列事件。同时也对印度和阿拉伯作了简单的介绍，最后叙述了大流士决定出兵希腊和征服叛变的巴比伦的经过。

第4卷（Melpomene，墨尔波密涅，205章）：当准备讲述大流士征服斯基泰人时，插叙了大量斯基泰人的历史、风俗以及斯基泰地区的地理特征和河流分布情况，之后顺理成章地叙述了大流士攻打斯基泰人失败的整个事件过程。同时，又以插叙的手法讲述了铁拉人和库列涅人以及居住在利比亚的各部落的生活情况。

第5卷（Terpsichore，忒尔普西科莉，126章）：讲述大流士在欧罗巴的统帅美伽巴铁斯对色雷斯地区的征服，顺便介绍了色雷斯地区的情况。紧接着讲述米利都的僭主阿里司塔哥拉斯，因自己阴谋失败而策划整个爱奥尼亚地区起来反波斯，在他联合斯巴达未果后，转而联合雅典人，于是在雅典人的帮助下放火烧了萨尔迪斯。其间插叙了斯巴达的政治发展、社会习俗和他们对雅典的几次入侵的情况，同时也讲述了雅典脱离庇西特拉图（约前600—前528）的僭主政治和克里斯提尼（约前6世纪后期）的改革。

第6卷（Erato，埃拉托，140章）：讲述由于爱奥尼亚人的贸然反抗，波斯人组织海军开始大肆镇压爱奥尼亚人，很快便攻克了爱奥尼亚的花朵——米利都，在继克洛伊索斯、居鲁士之后，爱奥尼亚人第三次被大流士所奴役。接着讲述了大流士派女婿玛尔多纽斯于公元前492年出征希腊，中途遇风暴而止以及两年后的马拉松平原之战并以雅典的胜利告一段落，其间插叙了斯巴达的政治斗争及其特点以及雅典与埃吉纳之间的斗争和阿尔克美翁家族的历史。

第7卷（Polymnia，波琳尼娅，239章）：从马拉松平原之战失败后，大流士准备进一步攻打希腊讲起，但大流士的突然去世使得这一行动在其子——新的继承人薛西斯一世（约前519—前465）手里显得犹豫不决，但最终仍然决定于公元前480年第三次攻打希腊。在用长篇幅交代了薛西斯的行军过程后，讲述了温泉关之战的详细经过，中间插叙了希腊城邦的联盟之事以及波斯军队兵员组成及其各自的服饰和装备，特别歌颂了斯巴达国王李奥尼达（约前508—前480）的光辉事迹。

第8卷（Urania，乌拉尼娅，144章）：讲述了希腊水师的联盟经过及其与波斯水师在阿尔特米西昂的交战情况，之后希腊水师在雅典人泰米斯托克利（约前528—前462）的劝说下，最终集结在萨拉米斯海湾，而波斯军由色萨利一路向南直逼雅典，中间插叙了伯罗奔尼撒的7个民族的情况。

紧接着讲述双方在萨拉米斯交战的经过和波斯失败后，薛西斯逃跑的经过，以及玛尔多纽斯自选30万精兵以图再战的计划，中间和卷末分别插叙了在泰米斯托克利领导下的雅典水师的发展和马其顿的历史。

第9卷（Calliope，卡利奥蓓，122章）：从玛尔多纽斯率军占领并放火烧雅典，雅典人向斯巴达求援并阻止了波斯军进攻讲起，接着在讲述了双方在奇泰隆山下的战事之后，叙述了希腊人在普拉提亚和在小亚细亚的米卡列同一天击败波斯的经过。之后讲述了希腊人为了毁桥而乘船至海列斯彭特，但当发现桥已被毁时，雅典人便在克桑提波司（约前6世纪前期）的率领下占领了凯尔索涅索斯和塞斯托斯后返回希腊。中间插叙了薛西斯的乱伦行径，卷末以波斯人阿尔铁姆巴列司和居鲁士意味深长的对话作了全书的似是而非的收尾，给人以无尽的遐想。

一个谜团：《历史》的构思和创作顺序

《历史》所记内容极为庞杂，几乎包括了当时地中海世界及其邻近地区所有民族的历史传说、社会习俗以及风土人情。那么，在2500多年前的那个时代，希罗多德是如何构思以及如何在自己的旅行生涯中从事写作的呢？

人们经常在希罗多德漫长的人生旅行和他的《历史》创

作的关系问题上产生疑问。他的旅行是为了给他创作搜集素材吗？如果是这样的话，就说明他心中早已有了写作《历史》的念头，或者说创作这部巨著只是他人生旅行结束时才产生的念头呢？从他的作品各部分的内容来分析，他的作品应该是在其人生旅途的各个阶段陆续完成的。但是从他作品的内容看，他的出发点是要记录波斯的历史，还是要记录希腊和波斯的这场战争呢？或许有人会问，希罗多德的作品一开始不是已经声明自己的写作意图是要记载这一纷争吗？但是切不可忘记，今天我们看到的《历史》的结构安排并不是希罗多德的本意，甚至尼禄时代（54—68）的一位语言学家曾说，《历史》开篇的这一声明根本不是希罗多德，而是他的一位诗人朋友所作，因此，问题远不像想象中的那么简单。

英国学者鲍威尔说，希罗多德最初是要记录波斯的历史，但后来，他亲雅典的态度使得他改变了原来的计划而去记录薛西斯对希腊的入侵了。而卢里叶则认为，希罗多德在刚刚执笔的时候并没有写作一部希腊波斯战争的历史的想法。根据整部作品的创作顺序来猜测，一种比较可能的观点是：希罗多德一开始是想写这场战争的，但在后来的时候，他又决定写波斯帝国本身的历史。

那么，《历史》的创作顺序又是怎样的呢？德国古典学家基尔霍夫认为，希罗多德是有着整体构思的，但他的著作则是逐步完成的。前两卷和卷3的前117章完成于雅典，接下来到卷5第77章前的部分可能完成于图里伊，最后在伯罗奔尼撒战争之前，他返回雅典完成了后面的部分，他原本还要继续写下去，但不久后的去世打断了他的写作。这有点类似于雅各比的看法，雅各比认为，希罗多德的著作基本上是以我们目前所看到的《历史》的这种顺序创作的，因此，后五卷是最后所作。但鲍尔提出了和基尔霍夫相反的观点，他认为，希罗多德最早于公元前445年在雅典完成了后三卷，之后去了斯基泰人的地区，完成了对斯基泰人历史的记录，约在公元前440年时，他去了埃及，回来后完成了卷2。但由于他对希腊思想的批评使得他不受欢迎，于是便离开雅典去了图里伊，在这里，他将整个没有关联的片段作了整合性构思并完成了卷5的一半内容。之后，他返回雅典，作了重新的修订。基尔霍夫和鲍尔的观点代表着两种普遍对立的观点，但是没有哪一种能完全使读者满意，因此，争论一直持续着。爱尔兰古典学家马甘也认为，《历史》的后三卷是最先完成的，可能创作于公元前456—前445年之间，即在希罗多德前往埃及和巴比伦之前所作，而其他各卷只是序言。马甘的看法深受伯里、汤普森等人的肯定，但是问题并不是没有。

细心的读者是不难发现的，若如马甘所言，后三卷是在公元前456—前445年之间最先完成的话，那么在后三卷里提及了那些发生于公元前5世纪30年代的事情该作何解释呢？比如卷6第91章所记载的埃吉纳人被逐是发生在公元前431年年底，卷七第233章所记载底比斯人攻占普拉提亚又是发生在公元前430年，等等，因此，马甘的说法是存在问题的。

此外，关于卷2的埃及片段也是一个颇有意思的地方。德国人迈耶尔认为，埃及片段是希罗多德最后完成的，应该创作于他从图里伊返回雅典的时候，而不是他第一次定居在图里伊时所作。吉尔伯特·默雷对这一点似乎表示赞同，但是，威尔斯对此表示反对。

我们不避繁难地叙述这个问题，是因为这种不厌其烦的叙述是有利于读者更好地理解希罗多德和他的《历史》的。但是对于这一问题，后世的人似乎只能作力所能及的猜测，因为这种争论至今没有完全能让人满意的结果。因此，苦于证据的不足，争论仍将持续下去。就像我们在开始谈及这一问题时，曾引用莫米利亚诺说的那句话："他的作品的秘密至今仍未完全道出！"

一个猜想:《亚述旧闻》

希罗多德还写过其他作品吗?可能很多人会觉得奇怪,希罗多德不是就只写作了《历史》吗?但事实似乎并非如此,我们从他这部传世的《历史》中找到了可以用来证明这一合情合理猜想的一些证据。

首先,从《历史》中发现了希罗多德的三个没有兑现的承诺。

承诺一:在叙述米底人攻陷尼尼微的时候,他曾说"攻占的情况我将在另一部历史中叙述";承诺二:在叙述巴比伦城的很多统治者时,他说"关于这些人我在亚述史的那一部分里还要提到";承诺三:在讲到温泉关战役的叛徒埃皮阿尔铁司之死时,他说"这个阿铁纳达斯杀死埃皮阿尔铁司是另有原因的,这原因我将要在我的历史的后面提到"。

按照以往的习惯,希罗多德总是会兑现自己的承诺的,比如,他在卷1第75章叙述居鲁士是如何俘虏他的外祖父阿司杜阿该斯时说,居鲁士"这样做的理由我在这部历史的后面还要谈到的",而我们在本卷第107章找到了回答。同样,他在卷5第22章叙述培尔狄卡斯的后裔是希腊人的事情时说,"在我的历史的后面还要证明这件事的",显然,在卷8第137章兑现了。但是对于这三个承诺，我们在《历史》中找不到任何线索。其实，远不止这些，在读到卷6第72章斯巴达人列乌杜奇戴斯亡命于铁该亚人的故事时，总觉得希罗多德会在后面提到。同样，在卷8第3章讲到斯巴达的首领帕乌撒尼亚斯因傲慢而被削权的事情时，他说"这一切都是后话了"，可是《历史》再也没有提及这些事情。

对于上述疑问的可能性解释应该有两种，要么是因为希罗多德的去世而使得他本人没有来得及兑现这些承诺，要么就是他本人写作过其他的作品，而不幸的是没有保存下来。到底哪一种更为可信呢？

其次，鉴于这两种可能性，我们不得不涉及一个相关问题：《历史》是未竟之作吗？全书以阿尔铁姆巴列司和居鲁士的对话结尾，着实让读者有点出乎意料。但正如默雷所说，希腊文学的艺术手法爱用弛缓紧张气氛的事件结尾，而不爱用一种逐渐增强达到高潮的故事结束。因此，他说希罗多德显然是没有完成他的巨著的。卢里叶在《希罗多德论》中作了精到的分析后认为，可能是希罗多德的去世使得他的写作中断了，但是这时他也就快要结束他的著作了。如果我们肯定《历史》是未竟之作时，似乎也就排除了上面的两种可能性之其一，从而认为希罗多德是因为去世还没有来得及兑现承诺。这也就是说，希罗多德没有写作过其他的作品，但是在下文我们将要提及的一则材料里证明了这种推论的不确切性。

最后，对于希罗多德没有兑现承诺的问题，可作进一步的推测：有的承诺是因为他的去世而没有完成，比如叛徒埃皮阿尔铁司之死以及帕乌撒尼亚斯被削权之事；有的内容则是他已经写了，但由于这部作品的亡佚而无所知晓了，比如米底人攻陷尼尼微和巴比伦城的统治者们的故事，可能就存在于希罗多德所创作的有关亚述的历史之中！对此，我们有亚里士多德（前384—前322）的记载作为依据。亚里士多德《自然史》（Natural History）中有这样一句话："有钩爪子的鸟不会喝水。希罗多德不懂这一点，因此他在叙述尼尼微被围的记事中，他虚构了鸢鹰会喝水的故事。"很显然，希罗多德是写过有关亚述历史的作品的，而亚里士多德曾看见过，遗憾的是它被遗失了！

这部有关亚述历史的亡佚之作，多被学者们称为《亚述旧闻》（或《亚述人叙事》，Assyrian Story）。根据希罗多德在《历史》中曾两次提及他的那部"亚述史"这一点来看，他肯定是记载过有关亚述的相关历史故事的。再结合亚里士多德的间接转引的事实不难判定，"历史之父"应该是作有此书的。默雷、鲍威尔等人对此深信不疑，伯恩也认为，

"《亚述旧闻》的遗失是一个很大的遗憾"。国内学者林加坤在《希罗多德和〈历史〉》一文中说："希罗多德一生除了写作《历史》外，还写了《亚述人叙事》，但已经失传。"如果他有关亚述的记载能流传下来，不难想象，这对于古代美索不达米亚历史研究又该是多大的一个贡献呢！

第 2 章

"历史之父"的人生之旅

克里奥正像一个善于替别人缝裤子，而自己却没有裤子穿的裁缝师傅一样。

——谢德风《历史著作史·译者前言》

看过电影《英国病人》的人，一定不会忘记剧中那位垂死在意大利托斯卡纳修道院木床上的机师，在他人生足迹遍及的每个角落，始终都有一本书伴随着他，这本书就是希罗多德的《历史》，而引导他来到撒哈拉的，则是希罗多德人生旅行中所表达出的不畏艰苦和勇于探索的精神。

希罗多德曾广事游览，访问过古代世界的很多地方，去过埃及、巴比伦并作了详尽的记述，环行过小亚细亚的全部海岸，走遍了希腊大多数的城市，访问过爱琴海的许多岛屿，熟悉大希腊（南意大利）、马其顿和色雷斯的各个地方，以及黑海以北南俄草原和斯基泰人的地方。他像中国古代伟大的历史学家司马迁那样到处寻访古迹，搜罗天下放失旧闻。正如很多研究者所普遍认为的那样，希罗多德的见闻之广和地理学知识之博无疑是那个时代里罕见的，因此，后世的人往往冠其以"旅行家之父""地理学之父"等名号。从目前所获得的认识中，虽然我们不能否认在古代世界有很多的作家和好学且善于观察的人勤快地记录着地球上人类习俗的差异，但希罗多德无疑是这些优秀的旅行者之中最让人难忘的一位。依迪斯·汉密尔顿曾这样说道："他是他那个时代——希腊最伟大的时代的真正的时代之子。"

"如果一个人不知道自己高贵父辈的事迹和境遇，就好像先为自己的孩子准备了悲伤，再把他们扔到这个世界上来。"半个世纪以前，莫米利亚诺曾在加利福尼亚大学伯克利分校的一次讲座上引述这句话来说明记录历史的重要性。同样的，它也提醒着我们去追述"历史之父"的"事迹和境遇"。

然而，对于希罗多德生平的介绍，似乎总是一件让人颇感遗憾的事情，因为克里奥女神经常忙碌着替别的学科编写历史，而忘记了编写她自己的历史。和大多数古典作家一样，希罗多德对于自己的介绍少得可怜，读者也只能从他唯一流传下来的《历史》中揣测出一个模糊的线条。同时在古代，人们对于那些古典时代作家的生平发生兴趣，已经是亚历山大里亚时期的事情了。从古典时期传到今天的两个希罗多德的传记，不仅显得简略，而且相互矛盾。即使我们可以从其他的古典作家，如修昔底德（约前460—前395）、亚里士多德、斯特拉波（约前64—21）、普鲁塔克（46—120）等的作品中看到有关希罗多德的零星论述，但多是有关地理、传说或者文法性质的内容，而关乎于其生平则几乎是零。所以，当翻阅相关书籍和辞典去查找这位"历史之父"的生平信息时，往往获得的只是零碎而简略的介绍，且互有出入，对他的交代往往也只是几句话就完事了。同时，因为原始材料对于希罗多德的生卒及游历的记载本身是存在着疑问的，如果只采取其中的一种说法作为解释，就必然会有失实的可能性。鉴于此，我们就不得不对相关史料进行必要的分析。

希罗多德的一生，是旅行的一生。根据他在不同人生阶段的旅行，可将其一生大致分为5个阶段。

初度哈利卡尔那索斯

古典时期流传下来的几则材料，虽显简略，但为后世了解希罗多德的出生提供了不可或缺的参考。

奥古斯都时代的希腊人，出生于哈利卡尔那索斯的狄奥尼修斯（约前60—7）在他的散文集中评论修昔底德时，顺便说了下面的话：

哈利卡尔那索斯人希罗多德出生于波斯战争（此处指前480—前470年的薛西斯的远征）发生不久之前，而且一直活到伯罗奔尼撒战争的时候。他扩大了自己记述的范围，为他的作品增添了出色的主题。他的目的不在于记录一个城市或民族的历史，而是力图将发生于欧罗巴和亚细亚的很多事情融合在一部综合性的著作中。

10世纪的苏达辞书（它的很多材料主要是来自古代作家的记载）条目希罗多德为我们提供了相对较多的信息：

希罗多德是吕克瑟司和德律欧之子，是一位出身于哈利卡尔那索斯的贵族，有一位名叫铁奥多洛斯的兄弟。由于从阿尔特米西亚起的第三代哈利卡尔那索斯的僭主吕戈达米斯的缘故，希罗多德离开哈利卡尔那索斯去了萨摩斯。阿尔特米西亚的儿子是皮森德里斯，而皮森德里斯的儿子就是吕戈达米斯。在萨摩斯，希罗多德不但学会了爱奥尼亚方言，还写了一部9卷的历史，这部历史从波斯国王居鲁士和吕底亚国王坎道列斯的统治时期开始。在返回哈利卡尔那索斯并驱逐了僭主之后，希罗多德因被敌视而自愿去了图里伊，这里是雅典人建立的一个殖民地。他就死在那里并被埋葬在了市场的地方。但是有一些人说他死在培拉。他的著作都冠以文艺女神的名字。

此外，苏达辞书的条目帕努阿西斯也有对希罗多德生平材料的介绍：

哈利卡尔那索斯人波利亚尔科斯的儿子帕努阿西斯是占卜者和史诗家。他使垂死的诗复活了。杜里斯（公元前3世纪萨摩斯历史家）断定说，他是迪奥克列斯的儿子并且是一个萨摩斯人；他还断定说，希罗多德是出生于图里伊的。人们说，帕努阿西斯是历史学家希罗多德的叔伯兄弟。原来帕努阿西斯是波利亚尔科斯的儿子，希罗多德是吕克瑟司的儿子，而波利亚尔科斯和吕克瑟司又是兄弟。某些人说，帕努阿西斯的妹妹是希罗多德的母亲德律欧，而吕克瑟司并不是波利亚尔科斯的兄弟。

同时，我们在苏达辞书的条目图里伊下，发现了拜占庭的司蒂芳（约公元6世纪）所记述的希罗多德的墓志铭：

在这里躺着的是吕克瑟司的儿子希罗多德，

他是用爱奥尼亚方言写作的历史学家中的最优

秀者。

他在多里斯人的故乡出生，为了躲避流言蜚语，

他使图里伊变成了他的新的故乡。

可以说，后世对于希罗多德的生平的复原工作基本上就是在以上几则材料的基础上进行的。学者们一般认为希罗多德的生年是在公元前484年，主要是基于以下两个依据。第一个依据来源于拉丁作家盖里乌斯的记载，他在《阿提卡之夜》（The Attic Night）中引用尼禄时代的一位女作家帕姆披拉的话说："在伯罗奔尼撒战争开始的时候，海拉尼库斯是65岁，希罗多德是53岁，修昔底德是40岁。"伯罗奔尼撒战争爆发于公元前431年，如果那时希罗多德是53岁的话，那么可以推定公元前484年为其生年。第二个依据是根据图里伊建立的时间是公元前443年来进行推测，诚如卢里叶教授所提及的那样：古人在计算大人物的生平时，通常是先拿这个人的成年期的一件最突出的事件，然后再向回计算40年。结合这两点，得到的结果正和盖里乌斯所记载的情况一致，因此，大多数人便认为公元前484年，即第74个奥林比亚德（公元前776年是希腊奥林比亚德纪念的第一年，以后每4年为一个周期）的首年是"历史之父"的生年。显然，这种结论只是建立在推测的基础上，但是在资料有限的情况下，也只能接受这种力所能及的推测。

希罗多德出身名门，他的父亲是吕克瑟司，母亲名为德律欧。乔治·罗林逊经过详细的分析，认为希罗多德的父母也是有着一定的社会地位的，而且苏达辞书说他有一个兄弟叫铁奥多洛斯，也是比较可信的。至于经常提到的史诗作家帕努阿西斯，他与希罗多德是叔侄还是堂兄弟关系，且不予追究，但值得肯定的是他对希罗多德少年时的影响无疑是很大的。学者们普遍认为，帕努阿西斯的名字词尾"assis"不是希腊文，这表明他与自己出生的城市哈利卡尔那索斯或该城附近的卡里亚人有着某种密切的联系，可能是由于婚姻而形成的。至于杜里斯说帕努阿西斯是萨摩斯人，正如他说希罗多德是图里伊人一样，切不可继续这种误解。帕努阿西斯是荷马风格的史诗作家中的最后一位，其著述繁多，而希罗多德从他那里获益甚多。我们从希罗多德对于荷马、赫西俄德、梭伦（约前638—前558）和埃斯库罗斯（约前525—前455）的熟悉程度可推知，希罗多德从小就受到系统的教育，这可能与帕努阿西斯的帮助不无关系。大约在公元前464年，因为他反对同城僭主吕戈达米斯的暴政而被处死，希罗多德本人也被迫移居爱奥尼亚人的城市萨摩斯。希罗多德本人是一个有闻必录的讲故事高手，但正如奥斯特瓦尔德在《剑桥古代史》中所说的那样，"在对自己以及个人生活方面的叙述，希罗多德表现得要比修昔底德'沉默'得多了，而这种'沉默'也扩及那些为他提供过信息的人"。

希罗多德的出生地是哪里呢？他的《历史》开篇不是告诉读者，"在这里发表出来的，乃是哈利卡尔那索斯人希罗多德的研究成果……"，难道这还有疑问吗？事实上，在古典时代人们看到的是"图里伊人希罗多德"。比如，亚里士多德在《修辞学》中引用希罗多德的著作时的话是"图里伊人希罗多德"，上述材料中杜里斯也说希罗多德是图里伊人，普鲁塔克在《论希罗多德的阴险》中曾提及有些人认为希罗多德是图里伊人的这一事实。结合后来希罗多德获得图里伊公民权的事实，我们可以假定希罗多德曾自称是图里伊人，并在这里发表了自己的作品，我们今天看到的《历史》开篇所告诉我们的"哈利卡尔那索斯人希罗多德"只是后期的研究者作了正确改动的结果。

对于他的同乡狄奥尼修斯所说的情况应该是报以可信的态度的，苏达辞书希罗多德条的材料是来自于比较可信的记载的，就像拜占庭的司蒂芳和普鲁塔克所记述的那样，他是出生于哈利卡尔那索斯的，只是后来为了躲避流言蜚语才去了图里伊，这里只是他的新故乡而已。

哈利卡尔那索斯（今土耳其西南港口城市博德鲁姆）位于小亚细亚西南海滨，从公元前 6 世纪起，这里便是一个多民族聚居的地区。因此，多种文化因子在这里生根融合的特点为这座城市创造了美好的声名，在默雷的笔下，这里被恰当地称为"一所培养历史家的良好养育所"。最初，居住于哈利卡尔那索斯的是被称为卡里亚人的土著居民，随着古风时代开始的殖民浪潮，希腊人的一支多里亚人来至此地并在这里扩建城市，与当地人通婚，生活和睦。在多里亚人地区以北则是当时地中海文化极为发达的爱奥尼亚人的地盘，随着爱奥尼亚文化的南播，不同地域文化的融合必然发生。根据铭文材料，到了公元前 5 世纪，哈利卡尔那索斯便很快地爱奥尼亚化并接受了爱奥尼亚方言，而这种语言是那个时期普遍流行并用于研究和哲学思考的最佳工具，希罗多德便是使用它进行写作的。爱奥尼亚文化对于希罗多德本人的影响是很大的，以至于伯里说："尽管希罗多德不是爱奥尼亚人，但我们往往不自觉地认为他是一个爱奥尼亚人。"但是需要时刻谨记的是，在希腊人对波斯的战争之前，哈利卡尔那索斯在政治上是隶属于波斯的，因此波斯文化因素对哈利卡尔那索斯的影响是不可忽视的。从居鲁士大帝于公元前547 年征服吕底亚王国到希罗多德离开哈利卡尔那索斯期间，波斯在这里已经做了近百年的宗主，它对于哈利卡尔那索斯的影响可以从希罗多德本人的著作中所反映的情况略窥一二。总的来说，希罗多德的出生地哈利卡尔那索斯是一个多元文化相互融通的地方。在小亚细亚西海岸西南角的这座小城市里，卡里亚本土文化、多里亚和爱奥尼亚文化以及东方的波斯文化互通融合，为"历史之父"的成长提供了丰足的沃土。

根据希罗多德《历史》的记载，在古昔为特里欧庇昂·阿波罗举行的运动会中，多里斯六城联盟（**多里斯人的六座城市即林多斯、雅律索斯、卡米洛斯、科斯、克尼多斯以及哈利卡尔那索斯**）的各个成员皆有权进入圣堂，但是因为哈利卡尔那索斯的一个叫作阿加西克列斯的男子的犯规行为，其余五城便剥夺了哈利卡尔那索斯进入圣堂的权利。从此之后，"六城"地区的多里斯人变成了"五城"，而哈利卡尔那索斯便被视为卡里亚人的城市。在此后的岁月里，哈利卡尔那索斯先后臣服于吕底亚国王克洛伊索斯和波斯大帝居鲁士。在爱奥尼亚人发动对大流士叛变的时候，哈利卡尔那索斯的统治者也起来"叛离"了波斯人。但是随着叛乱被平息，波斯人按照他们的惯例又将哈利卡尔那索斯的统治权交给了这位叛离者的妻子，即有名的阿尔特米西亚。在她的丈夫去世的时候，因为他们的儿子皮森德里斯还未成年，因此她便亲自执掌国政，并于公元前 480 年参与了大流士的儿子薛西斯对希腊人在萨拉米斯湾的海战。

希罗多德大约出生在大流士去世（约前 485）后不久，那时的哈利卡尔那索斯显然是屈从于波斯帝国的一个小属国。当温泉关战役和萨拉米斯湾海战发生的时候，希罗多德当时四五岁。希罗多德在他的著作中并没有隐瞒他对阿尔特米西亚女王的赞赏，有人将这一点归因于阿尔特米西亚对于她的国民的保护，尤其是对希罗多德本人家庭的照顾。这似乎可以从以后发生的事情作出合理的推测，因为当希腊人在战争胜利后，允许很多爱奥尼亚的岛邦加入他们的联盟的时候，很多小亚细亚大陆上的希腊城市也趁机获得了他们所钟爱的自由，但是仅有卡里亚人仍然追随着阿尔特米西亚和她的家族。甚至当雅典人的米太亚德的儿子西蒙（约前510—前450）于公元前469或前468年在攸利梅敦战役摧毁波斯人在小亚细亚西海岸的势力时，卡里亚人仍然没有离弃女王的儿子皮森德里斯。

哈利卡尔那索斯因其有利的地理位置，因而在当时地中海世界贸易圈里发挥着重要的作用。在这里可以看到埃及、推罗、巴比伦以及希腊本土的各色产品。商品贸易的发展必然带动着诸方面文化因素的融合，根据铭文材料提供的信息可知，到了公元前5世纪，哈利卡尔那索斯便很快地爱奥尼亚化并接受了爱奥尼亚方言。因此，希罗多德这时已经学会了这门语言，而苏达辞书说希罗多德是在萨摩斯才掌握这门语言的说法或许是不对的；同时，哈利卡尔那索斯也是一个多民族聚居的地区，各民族间相互通婚是很正常的事情，而根据某些学者的说法，希罗多德的身上也流淌着卡里亚人的血液，这一点也告诉了我们为什么在希罗多德的《历史》中丝毫没有民族偏见的影子，而他描写战争时所体现出的冷峻和公正竟到了足以让人吃惊的程度；此外，希罗多德又出生并成长于战争年代，变动的局势往往使得希罗多德自小便能敏锐地体会身边发生的一切。战争使得少年的希罗多德不自觉地去思考希腊和波斯之间的关系以及历史的分量，可以想见，这种开放的环境必然扩大了希罗多德的视野。

少年时代的希罗多德生活在一个比较富足的家庭，他的父母给他提供了良好的教育条件。在第一批智者如普罗泰格拉（约前490—前410）等人出现之前，整个希腊人的教育是以雅典的教育模式（**主要分为三个层面，为语法、体育锻炼和音乐**）为范例的。而希罗多德很可能曾在语法学校学习诵读和写作，文学方面的学习主要集中在诗歌的学习上，这一方面，希罗多德的叔父给予了他很完善的系统教育。这位被视为荷马风格的史诗作家中的最后一位代表，生前似乎并不为人熟知，只是死后才被人们认为是古风时代最伟大的史诗作家之一。他写过很多作品，以《赫拉克里亚》（Heracleia）和《爱奥尼卡》（Ionica）最为有名，希罗多德《历史》中有关赫拉克里斯和爱奥尼亚人的殖民故事的叙述便是来自于这两部作品。很显然，希罗多德自幼接触的系统教育应该与其叔父有着莫大的关系。正是在这样的环境下，少年希罗多德便已对荷马、赫西俄德、阿里斯铁阿斯（约公元前7世纪）、梭伦、萨福（约公元前6世纪前期）以及埃斯库罗斯等人的作品了然于胸了，就像约翰·沃灵顿所说的，"在离开哈利卡尔那索斯的时候，希罗多德已经阅读过大量有价值的诗和散文类作品了"。这种全面的教育似乎是有意为希罗多德将来的人生旅行和写作《历史》所准备的。

正当其年及弱冠之时，因为国内政局的变动，他的人生轨迹第一次出现了转折，这就是被逐离家出走。关于他在少年时代离开家乡的原因，学者们多有分歧，但更多一种意见则认为是出于政治原因。由于材料的不足，我们对阿尔特米西亚的孙子吕戈达米斯是如何继承王权的，以及哈利卡尔那索斯是如何加入雅典人的联盟的事情所知不详。根据后来发现的一则铭文材料所提供的信息可知，吕戈达米斯曾和国民一块参加了一次会议并达成了一项协议：除了占有者，禁止个人在 18 个月以后声称对不动产的权利。因此，这也意味着城邦从律法的层面限制了僭主对于私人财产的占有，也有利于人们在发生纷争之后更好地解决问题。我们并不确定这一决议的具体日期，但是这与一种可能性是一致的，即当希罗多德少年的时候，包括他的家人曾试图使他的家乡脱离亲波斯君主的暴政，但是没有成功。大约在公元前 464 年，他的叔父帕努阿西斯因此事被吕戈达米斯处死，希罗多德本人也被迫移居爱奥尼亚人的城市萨摩斯，当时他只有 20 岁左右。

迫居萨摩斯

"当朝阳爬过哈利卡尔那索斯的山头的时候，希罗多德已经站在萨摩斯商船的甲板上，并默默地向他的故乡作了告别。"这是皇家地理学会会员托尔博伊斯·魏勒在《希罗多德的人生与旅行》中对于希罗多德离开萨摩斯时的描写。这种纯小说似的虚构或许会对历史研究者造成误解，但是在情感层面也激励着我们了解希罗多德人生旅程的热情。

在希罗多德不确定的生平中，还可以肯定的一点是，他曾在萨摩斯度过了他少年人生的一个重要阶段，这可以从他对于萨摩斯的详细记述中得到证实。希罗多德在说到爱奥尼亚人企图联盟以击退波斯海军的时候，明确提到萨摩斯人是最先响应波斯的号召而退出联盟的，但是他本人没有对此表示什么。希罗多德在很多地方还特别提到了萨摩斯人引以为豪的僭主波律克拉铁斯（约前538—前522在位），同时对此人的很多经历谈得极为详细，如在叙及波律克拉铁斯之死时，希罗多德说："这一死是和他本人以及他的高远的胸怀不相称的，因为除去西拉库赛（叙拉古）的僭主以外，希腊人当中的僭主没有一个其伟大是可以和波律克拉铁斯相比的。"正如卢里叶所分析的那样，这种对于萨摩斯人的偏袒和对波律克拉铁斯的同情，使我们有理由认为希罗多德的所有这些记述都是取材于萨摩斯的史料。

同时，希罗多德在提到埃及的时候，往往会和萨摩斯的情况作比较，这也使我们相信希罗多德是到过萨摩斯的。如在介绍埃及莫伊利斯湖附近的鳄鱼城迷宫是如何的巧妙时，希罗多德便说，即使是引人注目的萨摩斯的神殿，在这个迷宫面前显然是小巫见大巫了。再比如提到埃及的佩巨斯（长度单位，46.2厘米）是和萨摩斯的佩巨斯相等的以及对于萨摩斯人的熟悉但又不愿意说出他的名字，都可以看出他对萨摩斯的了解和熟知。这一切透露出的信息是，希罗多德不仅到过萨摩斯，而且还比较熟悉萨摩斯的编年史料。因此苏达辞书关于希罗多德到过萨摩斯的记述是真实可信的。

但是，苏达辞书所说希罗多德到萨摩斯后，学会了爱奥尼亚方言并写了一部9卷的历史的说法则显然是不对的，因为在哈利卡尔那索斯发现的吕戈达米斯时期的铭文就不是用多里亚方言，而是用爱奥尼亚方言写成的。卢里叶在《希罗多德论》、伯恩在《历史》（企鹅古典丛书）的序言部分皆明确地指出了这一点。

没有材料可以说明希罗多德在萨摩斯具体都做过什么，但是从后世学者对希罗多德的作品的推测来看，希罗多德在萨摩斯大致居留了比较长的一段时间。也就是说，从希罗多德于公元前 464 年（20 岁）离开哈利卡尔那索斯直至他年近而立的这近 10 年的时间，他基本上是在萨摩斯度过的。那么，这期间他从事过旅行吗？沃灵顿认为，在萨摩斯的几年里，希罗多德并没有外出旅行，这种结论很可能是不合实际情况的。一方面，希罗多德旅行范围极广，如果他在这段时间没有从事旅行调查，而要在接下来的几年间（从公元前 454 年左右离开萨摩斯到公元前 447 年到雅典）游遍他去过的所有地方，显然是不太实际的；另一方面，我们从他的《历史》中的一些记载似乎可以判定他在这期间是去过很多地方的。

在萨摩斯期间，鉴于萨摩斯和昔兰尼（希腊人在利比亚建立的殖民城市）良好的商业关系，希罗多德很可能去过昔兰尼。希罗多德曾说过昔兰尼的统治者跛子巴托司的儿子阿凯西劳斯曾在权力斗争失败后去了萨摩斯，并在萨摩斯重整兵马最终又夺回了最高统治权的故事，这无疑反映了萨摩斯和昔兰尼的亲密关系。后来的发现也证明了这一点，为了纪念和萨摩斯的盟友关系，昔兰尼的四德拉克马（德拉克马是古希腊的货币单位）钱币上出现了除了标示昔兰尼的罗盘草图案外，还被打上了标志着萨摩斯的狮子头图案。因此，希罗多德的昔兰尼调查很可能是在留居萨摩斯期间的事情。

此外，希罗多德很可能还在这个时期去过黑海沿岸，尤其是访问了斯基泰人生活的地区，这一判断也是基于对希罗多德本人的记载所作的分析。希罗多德说他曾与斯基泰人的国王阿里亚佩铁司的管家图姆涅斯作过交谈，根据这一点来分析，约公元前508年大流士入侵斯基泰，而当时的斯基泰人的国王则是伊丹图尔索司，后来阿里亚佩铁司从伊丹图尔索司那里继承了王位，但他中了斯基泰人的另外一支阿伽杜尔索伊人的国王斯帕尔伽佩铁司的奸计而被杀死了。那么，他是在哪一年被杀的呢？威尔斯在对诸多看法作了分析后认为，阿里亚佩铁司的统治最迟不可能晚于公元前460年，因此他认为，希罗多德在斯基泰人的地区的调查很可能是他比较早的远途旅行之一。罗林逊和威尔斯认为是在公元前450年之前，这或许有点保守，但两人皆一致认为希罗多德对斯基泰地域考察应该是在他旅行的早期阶段。所以，这也就不难理解为什么伯恩列举希罗多德传记时，将他的黑海旅行的时间认定在公元前464至前454年之间了。而事实上，这种可能性也有着一定历史背景的支持，黑海地区在整个地中海世界被视为仅次于西西里的产粮区，而自古风时代始，爱琴海地区和本都、黑海地区便已有了紧密的交往关系，因此，希罗多德的黑海之行是有着成熟的人文环境的。

根据相关材料，可以作一个大胆的推测：希罗多德结束了他的黑海之行后，便顺着色雷斯海岸去了马其顿亚历山大宫廷。有三个理由似乎可以说明这一点：一是苏达辞书的条目海拉尼库斯（约前495—前405）说："在幼里披底斯和索福克里斯的时代，海拉尼库斯曾偕同希罗多德来到了马其顿国王（阿门塔斯的儿子亚历山大〔这几个词是斯泰因加入原手稿的〕）的宫廷中。"海拉尼库斯是出生于莱斯博斯岛的史话家，他以其85岁高龄而备受瞩目，修昔底德在自己的作品中曾说他著有《雅典编年史》。苏达辞书提及这位长几岁的作家曾和希罗多德共赴马其顿并不是没有可能。二是如果希罗多德去过马其顿国王亚历山大一世（约前498—前454）的宫廷的话，那么去的时间应该是在后者去世之前，也就是在公元前454年之前。三是我们在希罗多德的作品中似乎可以看到，他本人是亲自去过马其顿的。因为他说："从普拉西阿斯湖到马其顿有一条非常便捷的短路，因为首先接着普拉西阿斯湖的就是那个后来亚历山大每天可以取得一塔兰特（古希腊货币单位）白银的矿山，而当一个人经过这个矿山之后，他只需越过称为杜索隆的一座山便到马其顿了"，这种对马其顿地理的描述完全使我们看到了一个身临其境的人才有的认识。因此无论如何，对下述的一点是不应有任何怀疑的，即希罗多德在他一生的某个时期里，曾到希腊北方作过一次长时间的旅行，并且在马其顿国王的宫廷中住了一段时间。需要提及的还有一点，希罗多德对于马其顿的记述，完全集中于亚历山大宫廷内部的历史。《历史》很多地方提到了马其顿，但几乎都是和亚历山大一个人有关的，也包括他说的亚历山大的七世祖培尔狄卡斯的故事，但几乎没有像他描写埃及、黑海地区那样，有很多地理和习俗的痕迹。对此，雅各比的结论是，希罗多德有关马其顿的材料几乎都是来自于他在马其顿宫廷中和亚历山大一世的谈话。可能正是在国王亚历山大去世后，他便返回了萨摩斯，而在萨摩斯又得知哈利卡尔那索斯的变故后才又返回了家乡。

希罗多德是什么时候离开萨摩斯的呢？很可能是在公元前 454 年之前。因为根据另一则铭文，看到了这样的事实：在公元前 454 年的提洛同盟（成立于公元前 478 年）的诸盟邦贡款名单中，有着哈利卡尔那索斯和它的新统治者阿波罗尼德斯的名字，但没有提到僭主吕戈达米斯，显然，在前面提到的这位僭主与他的人民之间的那项协议并没有被维持下去，因为他在政变中失去了自己的王位。

可能的情况就像希克斯所推测的那样，在公元前 460 至前 455 年的其中一年里，哈利卡尔那索斯发生了革命，吕戈达米斯遂弃城逃亡。约公元前 454 年之前不久，希罗多德闻讯离开了萨摩斯，但是当他回到哈利卡尔那索斯的时候，国内的这场斗争基本已经结束，当时主张共和的人士和吕戈达米斯一派的人相互之间斗争达成的协议都被很好地保存在阿波罗神庙里。而且,新的统治者阿波罗尼德斯很可能是吕戈达米斯的亲戚。也就是在这个时候,希罗多德开始了他漫长而富有收获的亚洲之旅。

亚 洲 之 旅

近代地理学区域学派的奠基人阿尔弗雷德·赫特纳曾说,到了亚里士多德的时候,地理学的发展摆脱了爱奥尼亚人那种僵化的地球观念,而注重努力积累具体知识;杰出的人物都去从事长途旅行,为的是要了解其他的国家和民族。然而,在古典时代地理学的发展过程中,我们会发现"地理学之父"似乎是个例外,他的地理学知识显然是建立在自己实践的基础上的,尤其是他在亚洲的旅行便很好地说明了这一点。

这次旅行大约始于公元前 454 年之后,稍看一眼地图就会发现,他这次旅行的起点很可能还是哈利卡尔那索斯(*如果他没再去过萨摩斯的话*)。很明显,他对于小亚细亚地区的记载透露着这样的事实,除了卡里亚和吕底亚之外,他还去过吕奇亚、卡乌诺斯、奇里启亚的南部地区,以及迈安德河、斯卡曼德河和凯斯特尔河诸河口。他还沿皇家驿道从萨尔迪斯出发，一直到幼发拉底河处，后顺河而下到了奇西亚的阿尔代利卡、巴比伦和苏撒。

很明显的一点是，希罗多德曾经一次或数次访问过萨尔迪斯。从他本人对于克洛伊索斯的父亲阿律阿铁斯的陵墓的记述来看，他似乎从以弗所到过萨尔迪斯，而后又去了士麦那。而且，可以从他对薛西斯大军进攻希腊时候的沿途记录来判定希罗多德还去过东边的凯莱奈（波斯在大普里吉亚地区的首城），此外，希罗多德说薛西斯的大军来到库德拉纳时，在那里有克洛伊索斯立的一根石柱，上面有表明疆界的铭文，显然，如果没有去过这个地方，是很难有这样的记载的。因此，就像威尔斯所总结的，希罗多德很可能从库德拉纳处的迈安德河谷路线出发而到了皇家驿道。

根据希罗多德本人对于波斯皇家驿道的描述，他很可能曾至此旅行。从吕底亚萨尔迪斯出发到了普里吉亚，在过了普里吉亚后便是哈律斯河，在通过这里的关卡后，走一段路就是卡帕多西亚了。在卡帕多西亚过两个关卡和两座要塞后就是奇里启亚，这里有一条叫幼发拉底的河流，要用渡船才能过去，过了河就是亚美尼亚，到了亚美尼亚后便进入玛提耶涅人的地带了。这一地带有四条河，前三条发源于亚美尼亚人地区，都称为底格里斯河，后一条发源于玛提耶涅人地区，称为金德斯河。过了这一地带便是奇西亚地区了，从这里可以通过科阿斯佩斯河直达苏撒。小亚细亚濒临东地中海，在波斯兴起之前，巴比伦人、亚述人和腓尼基人长期在这里频繁过往，因此，这条大道在波斯帝国之前已经发挥着它的作用了。希罗多德对于巴比伦的城墙和城门、土地和物产以及服饰和习俗等内容的详细记述，使我们完全有理由相信，他本人是到过巴比伦的，而且很可能是沿着皇家驿道，从水路沿幼发拉底河而来。

毫无疑问，希罗多德曾经去过埃及，《历史》第 2 卷便是很好的证明。那么，希罗多德是在什么时间访问埃及的呢？学者们根据能够反映希罗多德实际行动的相关记载，分别找出了各自的依据进行了大胆的推测。罗林逊认为，希罗多德是在埃及国王普撒美提科斯的儿子伊那鲁斯暴动的时期去的埃及。公元前 462 年，埃及国王普撒美提科斯的儿子伊那鲁斯发起反波斯的起义，根据修昔底德的记载，伊那鲁斯请求雅典援助。在公元前 460 年，雅典人及其同盟很快便来到了埃及，伊那鲁斯在帕普雷米斯杀死了薛西斯在埃及任太守的弟弟阿凯美涅斯，建立了自己的政权。也就是此后，希罗多德来到埃及，受到了热忱欢迎，而且获准自由进入埃及的神庙和获得相关记录。然而，公元前 455 年，伊那鲁斯被俘后处死。虽然埃及人在阿米尔塔伊俄斯的领导下继续战斗，但是埃及又重新沦为波斯的省区。波斯人遵照自己的习惯，将埃及的统治权交给了伊那鲁斯的儿子坦努拉司和阿米尔塔伊俄斯的儿子帕乌西里斯。因此，希罗多德在埃及访问的时间应该是在公元前460至前455年之间。

但是，实际情况并不一定是如此，因为正如雅各比所分析的，雅典和波斯之间的正式交战状态毫无疑问是从来不曾妨碍来往和妨碍波斯人善意地接待个别希腊人的。同样，波斯和埃及的交战状态也不会完全妨碍希罗多德在埃及的访问。而后来发现的铭文也证实了在很长时期内，包括希罗多德在埃及的时候，从三角洲到埃烈庞提涅的整个埃及都是处于波斯的统治之下的。还可以从爱奥尼亚叛乱后，希腊人可以较容易地到达波斯王宫苏撒的事实来说明这一点。因此，罗林逊的判断存在问题。此外，斯泰因根据修昔底德对于阿米尔塔伊俄斯的记载，从时间上最后判定，希罗多德应该是在公元前449年阿米尔塔伊俄斯坚守三角洲地区到公元前443年他去图里伊之间的某个时期访问埃及的。而迈耶尔则依据希罗多德曾提到大的叛乱已经过去很久这一事实，尽量将他造访埃及的时间推迟到了在返回图里伊之后的公元前440至前431年。希罗多德在公元前443年到图里伊，但在公元前431或前430年又重访雅典，之后又返回了图里伊，因此，迈耶尔认为希罗多德是在重返图里伊后去的埃及。威尔斯在对二人的观点作了详尽的分析后认为，希罗多德很可能是在公元前 449 年之后去的埃及。因为希罗多德在讲到埃及的莫伊利斯湖时，说起他曾听到在亚述的尼尼微城所发生的一件类似的事情，这似乎暗示着这样的事实：希罗多德在埃及看到莫伊利斯湖之前，已经去过迦勒底了，这种看法似乎更符合实际。可能会有人产生这样的疑问，这里要交代的是希罗多德的亚洲旅行，可为什么要提起他在埃及的情况呢？需要明确的一点是，在希罗多德那个时代的地理概念中，埃及（主要是指下埃及）是属于亚细亚的。

同时，希罗多德在埃及的时候，还顺便去了腓尼基人的城市推罗作过旅行，因为他本人说得很明确："为了在这件事情上（为了调查埃及的海拉克列斯），我可以不管从什么方面得到确切的知识，我到腓尼基的推罗那里作了一次海上的旅行，因为我听说，在那里有很受尊崇的一座海拉克列斯神殿。"显然，这是不容置疑的事实。若真如穆勒说的，希罗多德曾两次访问埃及的话，那很有可能是在这次推罗之行后又从叙利亚返回埃及的，但是对此我们也找不到任何可靠的线索。他还说希罗多德曾深入埃克巴坦那地区和到过巴克特里亚的部分地区，但是罗林逊对此坚决否认，这一点看来可能性似乎不大。至于德国人保罗·海泽说希罗多德访问过阿格巴坦纳（在叙利亚），似乎多不为学者所认可，就像罗林逊说的，海泽是位作家，他过分地夸大了希罗多德的旅行范围。

希罗多德访问过古代世界的很多地方，以上主要是对他人生早期在亚洲或者说地中海东部地区旅行轨迹的素描。亚洲之行结束后，他便回到了自己的家乡——哈利卡尔那索斯。但是，希罗多德的这次返乡之旅并不如意，他所坚持的哈利卡尔那索斯和雅典联盟的主张是和当时执政党的自治政策相悖的，这就必然招致执政者的敌视，因此，约公元前447年，希罗多德便再次被迫离开哈利卡尔那索斯，去了希腊世界的中心——雅典。

驻 足 雅 典

希罗多德来到了雅典，可以说，这位已深受爱奥尼亚文化浸染且年近不惑的旅行家的到来不论是对他以后的人生，还是对于雅典的历史来说皆产生了相当的影响。

令人困惑的是，我们能看到的有关希罗多德生平最详尽的记述材料——苏达辞书却对于他到过雅典的事情只字未提，而只说希罗多德是直接从哈利卡尔那索斯去了图里伊。但正如卢里叶所说，即使我们甚至没有任何关于希罗多德的传记材料，然而从他的著作里，也可以断定出从公元前5世纪40年代中叶起他和雅典的密切关系。如果我们去翻翻

《历史》，就会发现雅典在他的作品中是占据着中心位置的。他对雅典著名的阿尔克美翁家族的详细记述，完全说明了他对于当时这个家族的成员是何等的熟悉；而他说到雅典卫城上面悬着的枷锁时，说"这些枷锁在我的时代还可以看到"；他熟悉雅典的很多地方，如雅典的市场、马拉松的海拉克列斯神殿、苏尼昂海角；他还知道雅典人的宗教祭祀的传说及其古老的律法等很多事情。能得到这些知识，除非在雅典待过比较长的时间。

公元前 4 世纪的雅典史家迪鲁斯的记载完全证明了希罗多德曾在雅典居住的事实，他记载说，在安图斯的建议下，雅典给予了希罗多德十塔兰特的酬金，以报答他为公众的服务。迪鲁斯是一位比较权威的史家，后来的历史学家狄奥多鲁斯和普鲁塔克皆对其有着较高的评价，而这一故事则很好地保存在了普鲁塔克的作品里。因此，希罗多德不仅在雅典长时期居住，并作出了有利于雅典公众利益的事情而获得了很高的声誉。根据很多学者的判断，这件事当发生在公元前 446 至前 445 年。

同时也可以推测，希罗多德在初到雅典的前两三年里曾多次到外地旅行，并到处诵读他的作品。对于这一点，马可·奥勒留时代的讽刺诗作家和修辞学家、萨姆萨特人卢西安（另译琉善）为我们提供了相关信息，他说希罗多德从卡里亚的家乡直接来到希腊本土后，想使他和自己的作品获得声名，他认为即将到来的奥林匹亚赛会无疑是最好的时机。于是在赛会举行的时候，希腊各地的人都聚集在了伯罗奔尼撒伊利斯地区的奥林匹亚赛场，希罗多德以获得奥林匹克荣誉的竞技者身份，而不是以观众的身份出现了。这时，他向大家诵读了自己的《历史》，由于此书让他的观众着迷，所以被称为《缪斯书》。这个故事为后世学者提供了希罗多德在希腊本土生活的信息，但同时也带来了很多的争议，比如，卢西安的这种说法无疑与实际的情况有出入。我们可以从古代世界后期重要的历史学家阿米安·马尔塞林所记载的故事来说明卢西安著述可能存在的不确实之处。马尔塞林曾说，希罗多德在奥林匹亚赛会上诵读他的作品时，年轻的修昔底德被感动得流下了眼泪。希罗多德见此情景，便对旁边的修昔底德的父亲奥罗鲁斯说："奥罗鲁斯啊，你的儿子深受求知欲的感动。"

我们要问，如果马尔塞林说的故事是真的，那卢西安的故事中为什么没有提及这件事情呢？再者，如果采取普遍被认可的结论，那么当时修昔底德则显然已经不小了。可能的情况是，希罗多德曾在雅典诵读自己的作品，修昔底德是听到过的，所以我们在《伯罗奔尼撒战争史》中看到他说散文编年史家往往关心的不在于说出事情的真相而在于引起听众的兴趣之类的话。因此，正如罗林逊说的，这位比希罗多德晚6个世纪的修辞学家是很不看重历史的，他的作品只是为了取悦于马其顿的听众。对于这一问题，有兴趣的读者只要去翻翻达尔曼在《希罗多德的一生》中所作的详细论述便可明真相。但不管怎样，希罗多德到过雅典并诵读过自己的作品是完全可能的，而他在雅典期间，也曾广事游览，到过希腊本土的很多地方，从他的《历史》来推测，除了去过斯巴达、底比斯、德尔菲神殿、多铎那和弗西斯的阿拜外，还去过温泉关、普拉提亚以及马拉松的战场、阿尔卡迪亚、伊利斯、阿尔哥斯、塔伊那隆海角（拉哥尼亚最南端）、科林斯海峡、滕比谷（奥林匹斯山和奥萨山之间的山谷）、卡尔西迪西半岛的克里斯顿、阿索斯（波斯舰队在此遇风暴而倾覆）以及薛西斯军队从塞斯托斯到雅典的行进路线。但是至于他在雅典以外的其他地方是否也诵读过自己的作品，则缺乏有力的证据。

希罗多德是出于什么原因来到雅典的呢？公元前454年的时候，哈利卡尔那索斯加入了以雅典人为首的提洛同盟，显然，这等于打开了他来雅典的大门。因此，在与国内执政者有政见分歧的时候来雅典是完全可行的，同时，也不要忘记他本人是极其热爱旅行的，而且还是一位被爱奥尼亚文化浸染了的讲故事的高手。再者，当时的雅典正处于古典时期最辉煌的伯里克利时代，这位著名的政治家所特有的远见和目光便注定了当他看到眼前这位游历了地中海东部世界的旅行家时，是无法不心生敬意的。

希波战争后的一段时间，雅典在重建中开始走向了一个新的繁荣时代，这个时代是和伯里克利的名字联系在一起的，它是雅典历史上最幸福、最光荣的时代。希罗多德来到雅典的时候，以伯里克利为首的民主派势力正在兴起。如果我们认为希罗多德在初到雅典的前两年里曾在希腊本土各处旅行，并四处访问的话，那么他在后面的两年时间里则基本上停止了漫游。从这个时候开始，希罗多德渐渐融入了雅典的政治和文化环境中，他对于雅典民主政治生活的热情逐渐代替了他往昔旅行生涯中对地理、民俗以及人种志方面的兴趣。这种转折在他的整个作品前后两部分所形成的对比中有着明显反映，就像很多学者认为的那样，旅居雅典使得希罗多德由一个关心地理的旅行家变成了严格意义上的并且开始关心政治的历史家，对希波战争的研究是这一转折的中心环节。

希罗多德来到雅典没多久，便逐渐融入了伯里克利小圈子，其中有当时著名的伯里克利的良师益友——哲学家阿纳克萨哥拉斯、伟大的雕刻家菲迪亚斯、悲剧大师索福克里斯等人。根据可靠的推测，希罗多德曾与索福克里斯过从甚密，因为普鲁塔克在《道德论丛》中曾说道，索福克里斯在55岁的时候为希罗多德创作了一首赞歌。显然，没有过密的关系，悲剧作家是不会这样去做的。同时，从希罗多德和索福克里斯两人的作品在某些地方的相似性也颇能说明这一点。希罗多德说过这样的故事，当大流士逮捕了音塔普列涅司、他的儿子以及他的全家并把他们监禁起来的时候，音塔普列涅司的妻子便经常来到宫门悲哭号泣，终于打动了大流士的同情心。于是大流士派使者去问音塔普列涅司的妻子：

使者：夫人，大流士将要赦免你的被囚的一个亲人，这个人可以任凭你选择。

音塔普列涅司之妻：如果国王只允许留一个人的性命的话，那就留我的兄弟的性命。

（大流士不解，便派人去问为什么）

音塔普列涅司之妻：国王啊，如果上天垂怜的话，我可以有另一个丈夫，如果我失掉子女的话，我可以有另一些子女。但是我的父母都死去了，因而我决不能够再有一个兄弟了。这就是为什么我这样讲的理由。

这个故事也出现在使悲剧作家获得雅典十将军成员荣誉的那部《安提戈涅》中，俄狄浦斯的长女安提戈涅违反国王克瑞昂的禁令，依然选择埋葬自己弟弟的尸体。当时她说了下面的话：

> 丈夫死了，我可以再找一个；孩子丢了，我可
> 以靠别的男人再生一个；但如今，我的父母已埋葬
> 在地下，再也不能有一个弟弟生出来。

对于这一点，卢里叶的分析使人信服，"从古典的观点看，插入这样一段引文乃是对它的原作者表示尊敬，而索福克里斯竟不惜破坏自己剧作的艺术性而对希罗多德表示尊敬"。这是显然的，对于悲剧大师来说，他引希罗多德的作品则无疑表明，他对对方是极为熟悉的。

希罗多德在雅典前后居住了不到 5 年的时间。在此期间，尤其是后半段时间，希罗多德很可能是没有远游。雅典虽然在伯里克利的带领下出现了蓬勃新生的局面，但是地中海世界的其他地方仍动乱频频。正当希罗多德在雅典的时候，希腊人在意大利的殖民城市之一叙巴里斯因遭到近邻城市克罗同的再次进犯而派使者来到了雅典向伯里克利求助，于是在民众的支持下，伯里克利决定在南部意大利叙巴里斯的附近地区图里伊建立雅典人的殖民城市。后来发现的铭文材料证实了雅典人向图里伊殖民建城的事实，但是没有提及希罗多德的参与。但是古代的作家如斯特拉波、老普林尼以及普鲁塔克等人都一致地记载着希罗多德参与伯里克利图里伊殖民的事件。所以毫无疑问，公元前 443 年，希罗

多德刚年逾不惑，便成了雅典人去图里伊第一批殖民者中的一员。

图里伊度晚年

可能我们会经常看到这个问题，即很多的文献所记载关于希罗多德一行去图里伊建城的时间是不一致的。狄奥多鲁斯记载的时间是公元前446年，普遍的记载是公元前444年，但是，当我们进一步探究这一问题时，会发现后来的学者如罗林逊等人，都欣然地认同了克林顿的主张，即图里伊建立于公元前443年的春天。这一年，在新的殖民者和原来的叙巴里斯人团结的基础上，一座新的城市建立起来了。

为什么希罗多德将自己人生的最后一站选择在地中海的西部世界呢？是什么原因使得他去了南部意大利呢？同样，在没有任何明确记载的情况下，我们只能诉诸推测。首先，没有获得雅典公民权很可能是一个主要原因。公元前451年，雅典颁布了限制取得公民身份的法令，规定凡父母双方皆为雅典公民者才能获得雅典公民权。没有公民权的事实尤其对于一位作家来说，内心深处是难以忍受的。亚里士多德曾说"人是城邦的动物"，没有公民权便意味着无法参与城邦真正的生活，而希腊人都有着这样的一种城邦情结，因此，这必然导致希罗多德在雅典的尴尬处境。其次，对雅典在意大利政策的拥护是希罗多德西渡的另一个原因。传统的观点多认为，希罗多德之所以去图里伊，乃是被伯里克利政策所激励的结果。但是新的观点认为，希罗多德之所以西渡，是因为他觉察到了伯里克利的泛希腊思想所显露出的帝国主义性质。于是，希罗多德暮年西渡，以求自己的泛希腊思想在新的殖民地得以实践。奥斯特瓦尔德在《剑桥古代史》中明确地指出了这一点，我们不能否认他去图里伊是与以伯里克利为首的雅典民主派的大希腊政策有关，但是，至于说希罗多德去图里伊乃是实践他的泛希腊的政治思想似乎是没有太大的说服力的，这一点我们后面将要谈到。

希罗多德在伯里克利政策的引导下去了图里伊，重要的收获是取得了图里伊的公民权身份，而且，图里伊远离喧闹和繁华，有利于他作为一位观察者静心地从事自己的创作。从《历史》的部分内容中可以看到，希罗多德对于叙巴里斯和克罗同及附近地区都是比较熟悉的，他知道流经图里伊的克拉提斯河是因为阿凯亚（伯罗奔尼撒北部地区）的克拉提斯河而得名；他很清楚那位为大流士夫妇治好病的克罗同人戴谟凯代司的故事；在第 7 卷当说到希腊人派使者去西西里结盟的时候，开始大篇幅地交代西西里盖隆的历史。同时，我们还似乎在这一段叙述中推测出他或许去过叙拉古。而如果没有错的话，希罗多德应该是在图里伊得到相关资料并从事写作的。

在新城刚建立不久的时候，由于叙巴里斯人荒谬地声称自己比外来殖民者优秀而遭到了对方的谴责，结果在新来者和原来的叙巴里斯人之间便发生了纷争。叙巴里斯人的傲慢所激起的愤怒给他们自身带来了灾难，根据狄奥多鲁斯的记述，这次斗争使得叙巴里斯人几乎被根除了，而雅典人则进一步加强了他们在图里伊的政治实力，但并没有牢固自己的立足点，很快便受到了邻人的压制。而同时进行的图里伊人和克罗同人为争夺昔利斯平原的战争，以图里伊人的失败和被迫签约终于停止了下来。但不久，由于雅典政权曾短期转移到亲斯巴达分子的手里，很多斯巴达人也来到了图里伊，结果，在这里形成了两个政治势力集团。斯巴达人主张图里伊与克罗同联盟，而雅典人则主张进一步扩大自己在大希腊的势力。由于图里伊人受到斯巴达人的支持，便不愿意承认雅典是他们的宗主国，这种冷漠的关系使得希罗多德于公元前431至前430年间返回了雅典。

对于希罗多德的晚年，几乎连作推测的证据都少得可怜！我们也不知道他返回雅典后待了多长时间，但是可以肯定的是，他重新返回了图里伊，而且在这里完成了他著作的最后部分。可以推测，伯罗奔尼撒战争刚一开始，希罗多德便又渡海去了图里伊，虽然图里伊拒绝承认雅典是自己的宗主国，但是当雅典的军队围攻叙拉古的时候，图里伊却认为自己有义务出兵参加围攻，所以，不能因为双方关系的冷漠而就断然肯定希罗多德不会在图里伊。只是到了公元前413年，西西里远征的失败才使得图里伊完全转向了斯巴达。

希罗多德是哪一年去世的呢？根据古典时期留下来的材料和希罗多德著作所记载的相关事实，我们认为他去世于公元前430至前424年之间的某个时期。他的同乡狄奥尼修斯曾说他一直活到伯罗奔尼撒战争开始的时候，这是没有问题的。如果看过希罗多德的《历史》，一定会发现希罗多德是个谨慎的记事者，可以肯定地说，只要是发生在他在世的时候的重大事情，他都会作记载。希罗多德记述了公元前431年埃吉纳人被逐之事，然而却对他们在公元前424年被杀之事只字未提。因此，威尔斯在为希罗多德的作品作注解时认为应该把希罗多德的卒年放在伯罗奔尼撒战争开始的最初五年，也就是公元前431至前426年之间。同时，希罗多德本人虽记载了伯罗奔尼撒战争的发生，对于公元前425至前424年大流士二世的继位也没有记述，他本人也不知道公元前415年的西西里远征。另外，他记载了公元前430年雅典人不问情由将斯巴达驻波斯的使节处死的事情。雅各比在对希罗多德的作品作了细致的分析后，认为希罗多德在公元前430至前424年停止了写作，默雷说，从希罗多德没有提到过的史实来证明，他可能在公元前424年以后就放弃了写作生涯。根据这些推论，我们认为希罗多德的去世也应该在公元前430至前424年间。很多学者，如美国人芬利和卢里叶皆持这一观点。所以，对于希罗多德的去世，正如他的出生一样，很多的结论多是推测而来。但为了记忆的方便，我们暂且认为公元前424年是希罗多德的卒年。此外，可以肯定的是希罗多德是在图里伊去世的，而不是在马其顿的培拉。

对于"历史之父"生平的介绍，几乎是建立在推测出的不确定性的基础上的，这是一个让人力不从心和颇显尴尬的事实。这里借用芬利的话来作结尾：希罗多德的卒年是他简短的可能性人生记录单上最后一件不确定的事情，而这种种的可能性便构成了我们对于他人生的了解。

希罗多德的一生，大体上是在匆匆的行旅中度过的。后世的学者，有的在论述希罗多德的时候，偏重于对其作品内容的解读，似乎不愿意去提及他旅行的年代和范围，认为那是一件没有必要的事情，如伯里；也有学者费尽周折而不嫌烦琐地整理出了希罗多德可能的旅行地点及其相应的年代，如达尔曼、迈耶尔等人。但是，正如芬利说的，这一切都只是建立在不确定的可能性的基础上的。所以，这样的情况也影响到了后人对于希罗多德作品的理解，难怪莫米利亚诺说我们至今还没有参透他作品的秘密！

罗林逊统计了希罗多德足迹所及之处，并作了这样的结论：希罗多德的旅行范围的跨度分别达到东西经度 31 度（超过了 1700 英里），南北纬度 24 度（近 1660 英里）。然而，在这样的范围内，他对很多地方的知识是精确无误的。他不仅富有激情地访问了很多国家，而且细心地观察这些国家的大小城市以及它们的各类奇观、神庙和其他建筑、居民的生活方式、习俗等等。

希罗多德的一生完全是在爱奥尼亚文化的圈子里漫游的。他出生于爱奥尼亚化了的卡里亚人的城市哈利卡尔那索斯，少年时代又移居爱奥尼亚式的城市萨摩斯，年近不惑时，又居于爱奥尼亚文化的中心——雅典，晚年又在爱奥尼亚人的殖民地图里伊度尽余生，他的《历史》也是用爱奥尼亚方言写成的。因此，我们的"旅行家之父"是一个地地道道的爱奥尼亚人，是用爱奥尼亚方言写作历史的最优秀的希腊人。

汉密尔顿的概括是细腻而不失准确的，他曾这样描述道：

一个人对知识要有如饥似渴般的追求，还要有探险家的激情，才能像希罗多德那样去旅行；也才能感受到真正的快乐。希罗多德是世上第一个旅行者，而世上也再难找出第二个像他那样快乐的旅行者。

══第3章══

希罗多德的神命观

在阅读《历史》的过程中，很容易发现的一点是，在希罗多德所讲的故事里，几乎都有神的影子，而且故事中的人物似乎只是充当着命运的玩物一般，克洛伊索斯如此，薛西斯亦是如此。

从这个角度来讲，他的散文就获得了我们在翻阅古典时期悲剧诗人的作品时所产生的同样的旨归，因为悲剧是我们了解那个时代最直观的镜子，它所折射出来的乃是古典时期希腊人丰富的宗教和道德世界最深刻的画面。就像基托所说的："从表面上看，戏剧诗人写的是有关神话传奇人物的剧本，事实上他们根本不是在做这一类事情，他们的戏剧是用来面对他们所处的时代的宗教、道德和哲学问题时他们自己所作的奋争。"希罗多德的散文又何尝不是如此呢？有人就曾敏锐地指出："希罗多德在这里写的不是'史书'，而是戏剧情节。"因此，我们对于希罗多德宗教道德世界的探查便不得不从悲剧诗人那里说起了。

同宗二姐妹：亚细亚与欧罗巴

古典时期的雅典之所以伟大，是因为她孕育了三大不朽的悲剧诗人——埃斯库罗斯、索福克里斯（约前496~前406）和幼里披底斯（约前485—前406），正是在他们天才般剧作的影响下，悲剧才赢得了"最高的诗"这样的赞誉。没有诗性般反思生活的头脑，就不会有悲剧。狄克逊教授说得太好了，"当探索的精神和诗歌的精神相遇时，悲剧就产生了"，因此，悲剧是在诗歌的基础上而形成的。上古早期各民族的文学基本都是以神话故事为题材而创作的，希腊更是如此。在悲剧兴起以前，荷马和品达在他们的诗歌中通过神话解释着他们那个时代人们观念中神的世界和秩序，悲剧出现的时候，神话故事又被诗人不自觉地注入了他们的悲剧中，然而神话依然扮演着解释人们观念世界的职能，所不同的是，这时候的神话故事更加反映着人们的生活和灵魂世界的众生相。

然而始终困扰着哲学家的是，悲剧诗人的艺术作品所表达的严肃性所依赖的创作题材——神话，却是难以置信地缺乏必要的道德责任感！难怪27岁的尼采教授在颂扬歌剧巨人理查德·瓦格纳的作品《悲剧的诞生》中说："要是心怀另一种宗教走向奥林匹斯山，竟想在它那里寻找道德的高尚，圣洁和无肉体的空灵，悲天悯人的目光，他就必定怅然失望，立刻掉首而去。"读过希腊神话的人都清楚，正是体现在众神之神宙斯身上的冲动才分娩出了整个奥林匹斯世界。但是，神话故事的这种不道德性并没有妨碍希腊人内心的宗教情感，因为在他们的观念里，神和人有着相同的一面，神爱憎分明，但又喜怒无常，神怜悯弱者，但又嫉妒排斥强者。同时，不拘是人，众神也要服从"命运"和"定数"此类冥冥之中存在着的力量。希腊悲剧的成功和伟大，便是在这种复杂而又灵活的神话和宗教的基础上成就的，尤其是在"悲剧之父"——埃斯库罗斯那里，这一点至为明显。

　　有诗人曾这样试想，当一个人漫步在爱奥尼亚的宏伟柱廊下，身旁辉煌的大理石雕像映现着他的美化的形象，周围是步态庄严举止文雅的人们时，他定会情不自禁地赞美希腊人是多么的幸福。但是，雅典的老人或许会用埃斯库罗斯的崇高目光望着他，并这样对他说："奇怪的外乡人啊！你也应当说：这个民族一定受过很多苦难，才能变得如此美丽！"这是一种埃斯库罗斯式的厚重，他经历了马拉松、萨拉米斯湾的战争，他曾真正体会过薛西斯火烧雅典时的无奈，所以他看到美丽的呈现时，总是会想到存在于这种美丽的呈现背后的往往是艰辛和苦难，而这种悲情正是一位悲剧诗人最基本的性格因素之一。

公元前472年，《波斯人》在雅典首次上演，这是埃斯库罗斯传世剧本中唯一的以现实历史事件为题材的作品。读者都很清楚这部悲剧以波斯人的视角来写他们的国王薛西斯在萨拉米斯湾的失败，在波斯人力喊"痛苦啊"的哭泣声中渐渐闭幕，从而反衬着希腊人的胜利。但是，细心地去品读悲剧中特有的一些情节，就会发现更多的问题。这是埃斯库罗斯力图使自己站在"蛮族"的视角来审视战争的起因、经过和结果的成果，他在作品中虚构出来的波斯人的对话和内心活动则显然是希腊人的认识，就像希罗多德在《历史》中借着波斯人的口所说的话其实是反映着希腊人的认识一样。因此，从这一点上来看，埃斯库罗斯不仅和希罗多德为希腊人讲述着同一个故事，而且《波斯人》和《历史》在很多地方都表现着希腊人内心世界所共有的一种秩序观念、道德模式和情感认同。

《波斯人》一开场就给人一种沉重之感。当薛西斯带兵出征后，波斯国内的紧张和忧虑也渐渐发酵了！诗人写道：

　　怀念征人的泪水，

　　浸湿了张张卧榻。

　　佩尔修斯的后裔一个个

　　默默含泪情意切，

　　……

在苏撒的王宫前，监国的长老们正在商议国事，王太后、薛西斯的母亲阿托萨出场了，她心怀恐惧地对众长老说着她的忧虑：

　　　　我梦见两个衣着漂亮的女子，

　　　　看其中一个身着波斯服饰，

　　　　另一个身穿多里斯式服装，

　　　　身材比现在的人们高大很多，

　　　　貌美无瑕，两人是同宗姐妹。

　　　　命运注定她们一个以希腊

　　　　为故邦居住，另一个生活在异邦。

　　　　在我看来，她们互相发生了

　　　　某种争执，我的儿子知道后，

　　　　进行劝阻安慰，把她们双双

　　　　驾于轭下，用皮带系住颈脖。

　　　　其中一个以这种处境为荣耀，

让自己温顺地听从缰辔的约束；

另一个却极力挣扎，用手折断了

驾车的辕具，拖着大车迅跑，

挣脱了辔头，把辕轭折成两截。

吾儿被甩了下来，父亲大流士

怜悯地站在他身旁。他看见父亲，

疯狂地扯碎了自己身上的衣服。

……

　　埃斯库罗斯借波斯王太后的梦所讲的故事，便是希罗多德《历史》所讲的故事，而这个故事便反映了埃斯库罗斯观念世界中的命运和秩序。身着波斯服饰生活在异邦的是亚细亚（指小亚细亚的爱奥尼亚人），而身穿多里斯衣服的便是欧罗巴（指希腊人），他们本是同宗姐妹，但由于命运使然而分开了。也因为命运的安排，波斯人统治亚细亚，而欧罗巴是归于希腊人的。当二姐妹发生争执的时候，波斯的国王便破坏了这种秩序，但是命运凭借神力，从来强大无比，结果薛西斯自己被狠狠地摔了下来，波斯人的傲慢终没有摆脱神力的羁绊。因此，这位生于阿提卡埃琉息斯小镇的悲剧诗人便说："人不应该有高傲之心，高傲会开花，结成破灭之果。"

　　波斯人统治亚细亚是命运的安排，小亚细亚的爱奥尼亚人自然就是他的臣民了。希罗多德是深知这一点的，"在波斯人眼里看来，亚细亚和在这个地方居住的所有异邦民族都是隶属于自己的，但他们认为欧罗巴和希腊民族却跟他们是两回事"。因此，希罗多德的观念世界中的道德秩序是和埃斯库罗斯的观念一致的，希罗多德本人便是在遵守这一秩序的基础上写作《历史》的。

神 的 嫉 妒

从爱奥尼亚人的"叛乱"说起

或许看惯了传统教材的读者会有点疑问，爱奥尼亚人的"起义"怎么成了"叛乱"呢？最好的答案就是去读《历史》。法国古希腊史学者皮埃尔·布吕莱说，要准确理解古代文化的独特性，我们得纠正那种普遍存在的状态，即不能以人们今天的眼光去看待过去、去解释历史，而应当竭力去理解古人对自己的时代、自己的世界的看法。因此，要了解希罗多德对于爱奥尼亚人那次事件的看法，就得尽量使自己站在希罗多德的位置上，而不是希腊人，尤其是雅典人的位置上来分析事实。

对于希罗多德的观念世界中存在的道德秩序，我们已作了说明，而这种道德秩序便是希罗多德审视爱奥尼亚人叛乱的依据。在希罗多德看来，亚细亚是属于波斯的，那么，小亚细亚的爱奥尼亚地区自然也就是波斯的土地，爱奥尼亚人试图制造混乱便是不应该的了，因此，爱奥尼亚人的起义便是违背神意的骄傲行为，是对自己本分的僭越，是一种罪恶。正是在希罗多德内心深处有这一道德评判的原则，所以我们很容易看到他本人在情感上是不支持这一运动的，他对于爱奥尼亚人的"起义"是持否定态度的。

如果从爱奥尼亚人事件本身的前因后果来分析，很显然的是，这只是米利都的僭主希司提埃伊欧斯和阿里司塔哥拉斯个人政治阴谋扩大化的结果，并非正义之举。在大流士征服斯基泰人失败并从海列斯彭特返回萨尔迪斯的时候，由于部下美伽巴铁斯的建议，他便把当时米利都的僭主希司提埃伊欧斯带去了苏撒，而让其同父兄弟阿尔塔普列涅斯任萨尔迪斯的太守。这时，纳克索斯岛诸邦内部发生了纷争，一些富裕的人被市民驱逐后来到了他们的友邦米利都请求帮助，而当时米利都的僭主正是这次事件的策划者——希司提埃伊欧斯的外孙阿里司塔哥拉斯。"考虑到如果由于他的力量而他们被送回他们的城市的话，那他自己就会成为纳克索斯的统治者"，于是阿里司塔哥拉斯开始实施自己的阴谋了，他以效忠大流士的名义欺骗阿尔塔普列涅斯为他派遣了以美伽巴铁斯为统帅的军队。但是当二人在出征纳克索斯的途中发生了争执的时候，美伽巴铁斯为了刁难阿里司塔哥拉斯，把他们出征纳克索斯的事情预先告诉了纳克索斯人。

阿里司塔哥拉斯围攻纳克索斯的计划失败了，他当初向阿尔塔普列涅斯的保证也无法实现，同时担心美伽巴铁斯和他的私怨会给他带来不良后果和威胁自己的僭主地位，"既然他心里有这一切的顾虑，他就开始计划叛乱了"。为了获得米利都人的支持，他故意放弃了自己的僭主地位，为了获得整个爱奥尼亚人的支持，他也放逐了爱奥尼亚地区其他地方的僭主。在这样做了以后，他考虑到自己有必要寻求一个更强大的盟友，于是用卑鄙的伎俩拉拢和贿赂斯巴达的国王克列欧美涅斯，然而克列欧美涅斯没有上当并将他赶出了斯巴达。之后，阿里司塔哥拉斯便将花言巧语带到了雅典，雅典人竟被他的阴谋所蒙蔽而欣然派了船去帮助起事的爱奥尼亚人。难怪希罗多德感慨地说："看来，真好像欺骗许多人比欺骗一个人要容易些，因为他不能欺骗一个人，即拉凯戴蒙的克列欧美涅斯，但是他却能欺骗三万名雅典人。"正是在米利都这位僭主的煽动和怂恿下，雅典人才把战船派到了小亚细亚的爱奥尼亚地区。用希罗多德自己的话来说，"派出去的这些船只就成了后来希腊人和异邦人的纠纷的开始"。

最终爱奥尼亚人这次叛乱被波斯人残酷地镇压了。这次"起义"完全是阿里司塔哥拉斯个人政治阴谋扩大化的结果。我们在很多地方都可以觉察到希罗多德本人对于爱奥尼亚人起来闹事而表现出来的反感，比如，当波斯的将领将爱奥尼亚的僭主们集合起来并让他们送信给本国的人，以劝告他们别和大流士对抗了，但接到信的爱奥尼亚人对此不予理睬而要坚持"起义"时，希罗多德便说这些人态度是"顽固的""愚顽的"。这显然透露了希罗多德的情感取向。从希罗多德对于这件事的叙述中，不难看出这样两点：一是阿里司塔哥拉斯既然做了米利都的僭主，那他就再不应该对纳克索斯有非分的妄想，正是他本人的贪欲将他引向了毁灭；二是小亚细亚的爱奥尼亚地区是波斯人的管辖范围，这是命运的安排。雅典人只需要管理好自己的事务，但是当他们将自己的船只开进波斯人的地盘时，则无疑是僭越自己的本分而制造了灾难。因此，一个简单的道理就是，贪求比神给予的幸福还要多的幸福，就是一种不经自我审视的傲慢，是一种罪恶，它必然会引起"神的嫉妒"而招致惩罚！

薛西斯的觊觎

在希罗多德的《历史》中，最长的一个故事便是关于薛西斯入侵希腊的事情了，这个故事同样也反映着希罗多德观念世界中的道德秩序以及神的嫉妒的存在。

这要从薛西斯继位之前的情况谈起。雅典人参与爱奥尼亚人的叛乱本已经让大流士极为愤恨雅典了，公元前490年，马拉松一役的失败更加刺激了大流士征服雅典人的决心。为了报复雅典人给波斯带来的伤痛，大流士用接下来的三年时间苦心准备自己的远征。命运难料，就在他准备踏上征途的第二年，也就是前486年，便去世了，他既未能惩办叛乱的埃及人，也未能惩办雅典人。薛西斯继位后，他最初的兴趣在于征服叛乱的埃及，他"根本就无意于讨伐希腊"，而他之所以产生征服雅典的念头，主要还在于那位曾于公元前492年率领波斯海军意图征服雅典，却不幸在海列斯彭特遭暴风袭击而不光荣地返回的表兄弟玛尔多纽斯的怂恿。正是玛尔多纽斯的刚愎自用和野心说服了薛西斯，并使得薛西斯按照他表兄弟的意见去征服希腊了，这背后隐藏着的是玛尔多纽斯的野心和贪欲，正像希罗多德告诉我们的，"因为他想进行冒险活动，而他自己想担任希腊的太守"。

正是由于薛西斯的初衷并不是征服雅典，所以希罗多德在接下来的地方用了相当的笔墨来写薛西斯的犹豫和踌躇，这种为难情绪是以薛西斯、玛尔多纽斯以及国王的叔父阿尔塔巴诺斯3个人发言来展开的，也是整个《历史》比较精彩的部分。有效的征服往往刺激着征服者的贪欲，从而使征服者产生继续征服的野心，这是帝王常有的心态。如果说薛西斯最初对希腊产生兴趣是他表兄弟怂恿的结果的话，那么在他有效地惩办了埃及的叛变后，他自己的欲望也逐渐被点燃了，此时的他不仅想报复雅典，还想占有整个希腊甚至是整个欧罗巴。3人当中，国王薛西斯最先发了言："如果我得到你们的助力把整个欧罗巴的土地征服，把所有的土地并入一个国家，则太阳所照到的土地便没有一处是在我国的疆界以外了。因为，我听说将没有一座人间的城市、人间的民族能和我们相对抗，如果我提到的那些人一旦被我们铲除掉的话。"显然，此时的薛西斯开始变得傲慢和自大起来了。而野心早已膨胀了的玛尔多纽斯在听到国王以图征服欧罗巴的想法时，他便更加鼓动薛西斯的计划了，他附和道："主公，你在过去和未来的一切波斯人当中都是最杰出的人物……当你率领着全亚细亚的大军和你的全部战船出征的时候，谁能对你作战呢？……总之，不拘会发生什么事情，我们也不要退缩罢。因为任何事物都不会是自行产生出来的，而人间的一切事物都是经过多次尝试才得到的。"

为了丰富自己的故事，希罗多德极为巧妙地借用阿尔塔巴诺斯的发言，向读者讲述着自己所坚信的道德秩序和神爱嫉妒的真理。阿尔塔巴诺斯在听到薛西斯和玛尔多纽斯的发言后，力劝薛西斯放弃远征的计划，他对薛西斯说："你已经看到，神怎样用雷霆打击那些比一般动物要高大的动物，也不许他们作威作福，可是那些小东西却不会使它发怒。而且你还会看到，他的雷箭怎么总是投掷到最高的建筑物和树木上去，因为不容许过分高大的东西存在，这乃是上天的旨意。"阿尔塔巴诺斯的发言其实就是希罗多德自己的发言，就好像《波斯人》中阿托萨的梦所要说明的其实是埃斯库罗斯自己的道德观念中存在的秩序一样。

居鲁士远征马萨革泰人、冈比西斯远征埃西欧匹亚人以及大流士远征斯基泰人皆以自身的生命为代价而收场，这已经是为历史所证明的了。就像《新不列颠百科全书》所指出的那样：薛西斯入侵希腊的故事在希罗多德那里是有着明显的道德训诫含义的，对于希罗多德来说，毁灭之前的傲慢是人们经常谈论的一个话题，而且被他那个年代最大的历史事件所证明是真实的。希罗多德相信，神的报复是对于人类对神不敬、傲慢和残酷的惩罚。因此，按照希罗多德的观念，很显然的是，"如果他是个正直的人，那么除了他自己的国土之外，他就不应当再贪求其他的土地，而现在也不应当再想奴役那些丝毫没有招惹他的人"。这句赠给冈比西斯的话，也完全可以用给薛西斯了。薛西斯在不顾神的嫉妒的情况下，决然选择了远征，其结果就可想而知了。他的惨败和狼狈逃回便再次证明了阿尔塔巴诺斯的警告，也就是说证实了希罗多德观念世界中的道德秩序，人不应该在已有的幸福之外贪求更多的幸福，否则"善妒的、充满着困扰的""会像闪电一样"的神会冲向人类的骄傲——攻击想跟神对抗的凡人的罪恶，因为"神除了他自己之外，是不容许任何人妄自尊大的"。这便是希罗多德要让读者明白的真理。

《历史》的主题：傲慢—嫉妒—惩罚

《历史》的主题是什么？是希腊人和波斯人之间的那场战争，还是波斯对外征服的历史呢？这是一个历来就存有争议的话题。长期以来，我们一直理所当然地认为，希罗多德的《历史》是在讲述希腊人和波斯人之间的战争故事，它的主题就是希波战争，希罗多德通过这次战争所要表达的乃是西方的民主制度对东方的专制制度的胜利。借此，更有人认为希波战争便成了整个东西方对立的开始，所以会看到诸如马拉松战役是整个西方历史的转折，希波战争中希腊的胜利挽救了西方的民主制度等诸如此类的论说。

这种认识是有着深刻的历史渊源的，可以说，这是在东西方对立的思维框架下，现代学者对这次战争意义的荒唐至极的夸大，它所反映出的只是持这种观点的西方学者狭隘的文化视域和欧洲中心主义的偏颇。正如中国学者雷海宗在批评西方学者夸大公元 451 年匈奴人在卡塔罗尼的失败时所指出的，"这是 19 世纪反动的种族优秀论反射到一千四百年前的一种表现，是把所谓'欧洲'和'亚洲'作为一种绝对的、机械的、形而上学的划分的说法的表现"。正是在西方学者的这种普遍的心态下，希波战争被抬到了超越其本身实际意义的高度，因此，希波战争理所当然地成了《历史》的主题。此外，导致这种认识的原因还在于对于《历史》自身特有的那种叙事结构的认识不够。我们在第 1 章中已经提到了《历史》的结构特点，从全书 9 卷来看，插叙是无处不在的，希罗多德在讲一个故事时，喜欢在其中插入另一个故事，而有的时候甚至在这个新的故事里插叙第三个故事。这种大故事套小故事的结构容易给初读者造成理解上的困难，可以说，正是这种特有的插叙方式影响了我们对于《历史》的主题的判断。再者，从希罗多德讲的所有故事来看，薛西斯入侵希腊的故事无疑是个重点，这个故事几乎占去了全书 1/3 的篇幅，以至于给很多读者造成的直接印象是希罗多德是在讲希腊波斯战争的历史。

同样的，将《历史》的主题认为是希波战争的看法在国内大多数研究者的观念里也早已根深蒂固，不可动摇，但也有少数的研究者对此表达了不同的看法。蒋保等人《重新解读希罗多德的〈历史〉》一文通过对于《历史》各章内容的重新解读，认为将《历史》的主题视为希波战争是与实际不符的，是由于学者们站在希腊的立场上，用"希腊中心观"看问题的结果。徐松岩也对传统观点持有异议，他通过对希罗多德《历史》所用"希腊人"和"波斯人"概念内涵的重新界定，认为希罗多德在开场白中所声明的"希腊人与异邦人"之间的纷争，并不是我们所理解的"希腊波斯战争"。他说，希罗多德《历史》前半部分所谓的并非我们传统观念里的"战争背景"，而是它的正宗主题。因此，将《历史》又称为《希波战争史》是值得商榷的。

如果在读希罗多德的作品时，用心揣测他在字里行间所要表达的某种思想则不难发现，希罗多德的《历史》是力图在以波斯早期的几位君主居鲁士、冈比西斯、大流士和薛西斯的世袭顺序展开的，并以波斯对外的历次征服为主要事实依据和线索，再根据自身所闻所见的一切故事来说明存在他内心观念世界的神命观念及其秩序——傲慢会引起神的嫉妒，从而招来惩罚（傲慢—嫉妒—惩罚）这一不可抗拒的真理。

《历史》是由一连串的故事所组成的叙事史，这部叙事史被后世的学者分成9卷确实方便了读者，但它毕竟不是希罗多德本人的初衷。同时，《历史》在一种貌似接近尾声的地方戛然而止，虽然给我们的直观印象是希罗多德基本上是要写完自己的著作了，但是这种似是而非的结尾似乎还有着作者想要交代却没有来得及交代的内容。所以，后世对于希罗多德的解读就难免与历史的真实不符了。

从所记内容来看，《历史》以波斯帝国兴起的背景——吕底亚和米底的故事为开端，逐渐过渡到居鲁士的成长和征服，继而又开始讲述冈比西斯和大流士的征服，最后再叙述薛西斯的征服，并以波斯人阿尔铁姆巴列司和居鲁士意味深长的对话结尾。然而，对于雅典、斯巴达、埃及、巴比伦以及斯基泰人的故事都是以插叙的方式嵌入波斯对外征服的历史中的。需要明白的一点是，因为希罗多德生活于希腊波斯战争发生之后的那个年代，他对于薛西斯入侵希腊的事情自然要知道得比其他战争多一些，因此，对于薛西斯的征服所用笔墨也自然就多了。很显然，《历史》并不是在单纯地讲述希腊人和波斯人的战争，但不可否认的是，希罗多德对于这一系列战争的讲述都是以希波战争为逻辑线索而逐个地引述出来的。在这一框架下，希罗多德几乎在每个故事中都表达着自己的神爱嫉妒的天命观念，我们看到在正叙部分，当克洛伊索斯因傲慢而迁怒了神的时候，神降下了惩罚。当居鲁士、冈比西斯以及大流士在不满足于自己已有的幸福而觊觎其他的幸福，并表现出傲慢的时候，神对他们实施了惩罚。而当薛西斯的贪欲更甚于他的先王表现得更加傲慢时，他的罪恶也同样激起了神的嫉妒而遭到惩罚；在插叙部分，埃及人普撒美尼托斯因为煽动叛乱而遭受惩罚、昔兰尼的统治者跛子巴托司的儿子阿凯西劳斯因渎神带来灾难、米利都的僭主希司提埃伊欧斯和阿里司塔哥拉斯觊觎更多权力而遭受神妒、波斯人阿尔塔乌克铁斯因为不敬神而引来惨剧，这些故事都说明神的嫉妒无处不在。而在雅典人和斯巴达人那里，希罗多德的神的嫉妒更加明确了，他说，塔尔图比欧斯神的愤怒"在不得到满足时决不罢休，这乃是十分合乎正义的事情"，而且是不以道德的考虑为前提的。正如加布里埃尔·赫尔曼在《民主雅典的道德和行为》中说的，在希罗多德那里，神的裁决会让一切都付出代价，看来是没有错的。

因此不难看出，虽然希罗多德是在讲述着自己的故事，但更重要的是他在故事中表达着他的天命观。他的《历史》的主题似乎应该是：一个人若想取得他应得以外的更多的幸福，那便会引起神的嫉妒而招来惩罚。全书的故事本质上都是在说明这一点。

摩伊赖的无常

人间的幸福是绝不会长久停留在一个地方的。

——希罗多德《历史》

在希腊的神话中，命运女神摩伊赖常常被描绘为三位身着白色长袍的女神，她们是宙斯和忒弥斯之女（*也说是宙斯和夜神之女*）结合的结果。起初人们都认为每个人都有着自己的摩伊赖，但随着奥林匹斯神系的发展演变，摩伊赖渐被固定为三个，即手持纺锤或命运之书，执掌纺织命运之线的克洛托；用手杖指着地球，负责分配命运之线长短的拉科西斯；手执天秤、针盘或刀具，负责切断人的生命之线的阿特罗波斯。但是习惯上，人们把她们合而为一并统称为命运女神。命运女神在希腊神话中有着极其特殊的地位，她们代表着无可抗拒的力量，她们编织的命运对于一切神灵都具有至高无上的权威，必须被绝对地、无条件地服从，众神之父宙斯也不例外。

不论是在早期的史诗，还是稍晚的悲剧诗人的作品里，命运似乎是一个恒定的主题，总是激发着人们对于生活的思考和对人生的反思。而在希罗多德的《历史》里，命运的存在及其无常亦是如此。

克洛伊索斯的傲慢

在希罗多德讲给读者的故事中，吕底亚国王克洛伊索斯的人生起落无疑是最让人印象深刻和发人深省的。克洛伊索斯继承了王位，把小亚细亚的希腊人变成了自己的臣民，当时被称为"古希腊七贤"之首的雅典立法者梭伦来到都城萨尔迪斯。克洛伊索斯安排梭伦住在自己的宫殿里，并令臣仆领着梭伦参观了自己的宝库。之后，他们便开始了下面的对话：

克洛伊索斯：雅典的客人啊，我们听到了很多关于您的智慧，关于您为了求知和视察外界而巡游列国的事情，因此我很想向您请教一下，到目前为止在您所遇到的所有人中间，怎样的人最幸福呢？（他之所以这样问，是因为他认为自己是最幸福的人）

梭伦：国王啊，我看是雅典的泰洛斯。（梭伦毫不犹豫地答道）

克洛伊索斯：到底为什么您认为泰洛斯是最幸福的人呢？（惊讶地）

梭伦：第一，因为泰洛斯的城邦是繁荣的，而且他又有出色的孩子，他在世时又看到他的孩子们也都有了孩子，并且这些孩子也都长大成人了；其次，因为他一生一世享尽了人间的安乐，却又死得极其光荣。雅典人在他阵亡的地点给他举行了国葬并给了他很高的荣誉。

克洛伊索斯：除去泰洛斯之外，那您看来谁是最幸福的人呢？（他心里以为无论怎样自己总会轮

到第二位的）

梭伦：克列欧毕斯和比顿……

克洛伊索斯：雅典的客人啊！为什么您把我的幸福这样不放到眼里，竟认为它还不如一个普通人？

梭伦：克洛伊索斯啊，你所问的是关于人间的事情的一个问题，可是我却知道神是非常嫉妒的，并且是很喜欢干扰人间的事情的。悠长的一生使人看到和体验到他很不喜欢看到和很不喜欢体验到的许许多多的东西。……说到你本人，我认为你极为富有并且是统治着许多人的国王；然而就你所提出来的问题来说，只有在我听到你幸福地结束了你的一生的时候，才能够给你回答。……拥有最多的东西，把它们保持到临终的那一天，然后又安乐地死去的人，只有那样的人，国王啊，我看才能给他加上幸福的头衔。不管在什么事情上面，我们都必须好好地注意一下它的结尾。因为神往往不过是叫许多人看到幸福的一个影子，随后便把他们推上了毁灭的道路。

这段经典的对话，因其所表达着的人生主题——幸福——而为很多人所时常乐道。梭伦的回答明显体现着希腊人审视生活时的特有观念，用基托的话来说，这一对话是关系着"希腊精神"的。很显然，自荷马以后的希腊文学创作中所要表达的对人事的不确定性和对神事的不可预测性，在梭伦的回答中表现得淋漓尽致。同时，正如加迪夫大学历史与考古学院的尼克·费歇尔教授所说的，克洛伊索斯和梭伦的对话所建立的基本价值通过希罗多德《历史》的其他部分产生了强有力的共鸣。多年以后，克洛伊索斯为居鲁士所败并为其所俘。当波斯帝国的创建者将他捆起来放在柴堆上要活活烧死时，这位曾经富有的吕底亚国王才在悲境中想起了梭伦曾对他所说的话，即"活着的人没有一个是幸福的"。他叹了口气，将梭伦的名字呼喊了三遍。居鲁士问他叫的是谁的名字以及为何如此，克洛伊索斯便说了整件事情的前因后果，于是波斯国王发了慈悲。当克洛伊索斯看到居鲁士有悔恨之意并命手下人努力扑火而无效时，便含泪向阿波罗神求助，瞬间，大雨倾盆而下，火被扑灭了。这时，居鲁士深信克洛伊索斯是一个好人并且是受神眷爱的人，于是开口向克洛伊索斯问话。

居鲁士：克洛伊索斯，是谁劝说你带着军队来攻打我的国家，不做我的朋友，而做我的敌人？

克洛伊索斯：哦，国王啊，是我干的这件事，但它却给你带来了好运，给我带来了不幸。若说起它的原因来，那么应该说是希腊人的神，因为是他鼓励我出兵作战的。没有一个人愚蠢到爱好战争甚于和平，而在战争中，不是像平时那样儿子埋葬父亲，而是父亲埋葬儿子。但是我相信，诸神恐怕是喜欢这样的。

之后，克洛伊索斯就和居鲁士成了朋友，并在居鲁士和冈比西斯在位时期为波斯帝国提出过很多好的建议。可以说，在希罗多德的笔下，有关克洛伊索斯的故事是充满着十足的希腊气息的。克洛伊索斯的傲慢所带来的便是亡国，他曾经的自以为是化作了此时屈辱的泪水。逐渐地，他明白了命运是无常的，而命运之神似乎是喜欢这样的。因此，他在以后的岁月中也开始变得谦逊和谨慎了。多年以后，当居鲁士带着克洛伊索斯一同去征服马萨革泰人时，他曾这样告诫居鲁士：

克洛伊索斯：如果你自以为你并非凡人而你的军队又是天兵天将的话，那你毫无疑问可以不把我的忠告放到眼里。如果你觉得你自己是一个凡人，而你所统治的也还是凡人的时候，那么首先便要记住，人间的万事万物都是在车轮上面的，车轮的转动是决不容许一个人永远幸福的。

所以我们不难明白，为什么当他陪同居鲁士的儿子冈比西斯进军埃及，听到埃及国王普撒美尼托斯的话时会流下伤感的眼泪；为什么他还敢在冈比西斯发疯的时候冒死进谏说："谨慎是一件好事情，事先的考虑却是真正的智慧。"克洛伊索斯之所以有着这样的人生起落，是因为他在命运面前的无能为力，命运之神是不可违抗的。

希罗多德用克洛伊索斯的故事表达的"命运（Moira）"观念，是深植于他内心世界的道德观念里的。命运，既不依从于人，也不依从于神，它是一切冲突的根源。从普罗米修斯的反抗到俄狄浦斯的无奈再到美狄亚的仇恨，命运总是不依不饶地存在的，它从神到人的身上不停地、无休止地打闹。在希罗多德的故事克洛伊索斯那里，摩伊赖的无常亦是那样的不可抗拒。他在《历史》里表达的这一人生主题，乃是对荷马的史诗和埃斯库罗斯等悲剧诗人的悲剧主导思想的继续，所不同之处在于，我们的"历史之父"是用纯朴的散文表达这一思想的，而"悲剧之父"是用他气势宏大、悲壮动人的悲剧诗表达罢了。

薛西斯的眼泪

在希罗多德为读者所讲的故事当中，最长的一个便是薛西斯入侵希腊的故事。但是在这个故事中，可能有很多读者会遗漏这样的一个情节，那就是薛西斯的眼泪，很显然，希罗多德为薛西斯的整个故事加上这样的一个情节是有着深刻意味的，它同样体现着希罗多德对于命运观念的理解。

故事是这样的。当薛西斯作了征服希腊的决定后，便率军从苏撒出发了。在到达萨尔迪斯并作了短暂的休整后，全军很快来到了位于海列斯彭特海峡东岸的美西亚城市阿比多斯。此时，横穿海峡连接亚细亚和欧罗巴的桥梁也已建好，波斯大军只要渡过海峡就可以到达欧罗巴了。阿比多斯濒临海峡，薛西斯早已命令阿比多斯人为自己在此地的一座小山上设立了一个白石宝座，国王坐在这里俯视海滨，即可将自己的陆军和水师尽收眼底。于是，薛西斯便想在此检阅一下自己的全军。他坐在宝座上望了望密布整个海面的船只，想看一下船与船之间的比赛，结果在比赛中西顿的腓尼基人取得了胜利，薛西斯对自己的大军深感满意。但是，当看到自己的水师遮没了整个海列斯彭特，整个海滨以及阿比多斯的平原全部都挤满了人的时候，他起初感觉自己是幸福的，但随后就哭泣起来了。

这位野心勃勃、不可一世的觊觎者此时的眼泪与他出发前言语中所表现出的自信、傲气形成了鲜明的对比，他不久前还在鞭笞海列斯彭特并为之戴上了脚铐呢，此时又何以如此呢？紧接着，希罗多德为读者安排了下面的一段对话。

阿尔塔巴诺斯：国王，你现在的所作所为和你

刚才怎么有这么大的差别呀！你刚刚说你自己是幸福的，可是转眼之间你就哭起来了。

薛西斯：你看这里的人们，尽管人数是这样多，却没有一个人能够活到一百岁。想到一个人的全部生涯是如此的短促，因此我心中起了怜悯之情。

阿尔塔巴诺斯：在我们的一生当中，我们会遇到比这更加可悲的事情。因为，尽管我们的生命是短促的，不拘是这里的人，还是其他的人，还没有一个人幸福到这样的程度，即他不会不只是一次，而是多次，不由得产生与其生毋宁死的念头。我们遇到各种不幸的事故，我们又受到疾病的折磨，以致它们竟使短促的人生看来都会是漫长的。结果生存变成了这样一种可悲的事物，而死亡竟成了一个人逃避生存的一个求之不得的避难所。

薛西斯的眼泪是一个人在思考命运无常时所表达出来的感慨和无奈，希罗多德借此所表达的乃是人在命运面前的无能为力。正如阿尔塔巴诺斯所说，因为"人不能控制事故，而是要受到事故的摆布"，当短促的人生遇到各种各样不幸的事故、疾病的折磨时就开始变得漫长起来，于是，人生充满了很多的无奈。希罗多德时刻不忘给读者讲述着这一点，当克洛伊索斯在埃及听到埃及国王普撒美尼托斯的话时流下了感伤的眼泪；当阿玛西斯读完萨摩斯僭主波律克拉铁斯的来信后，他便看到"没有一个人能够从他的命中注定的命运中挽救出来"；当冈比西斯在阿格巴塔拿悔恨自己愚蠢地错杀了自己的兄弟但又失掉了王位的时候，他懂得了"没有一个人能够有力量扭转命运"，继而也由于自己一生中命定的全部遭遇而痛苦起来；当铁尔桑德洛斯在底比斯宴会上问那个波斯人时，他得到的回答是，"朋友，凡是上天注定要发生的事情，任何人是不可能扭转的……在人类的一切悲哀当中，最可厌的莫过于一个人知道得太多，却又无能为力了"。

《历史》的很多地方，都反映着这一点，这不是悲观的宿命论，而是个人在命运面前的一种自我警醒，在命运的悲观中怀有对人生的希望和对善的追求。正像埃斯库罗斯在《阿伽门农》进场歌中反复的那句诗：

唱着愁苦的悲闷，唱着愁苦的悲闷，但愿善还可以流行。

希罗多德是在《荷马史诗》和埃斯库罗斯悲剧的熏陶下逐渐成长的，因此，他必然会本能地承继和关注希腊人对于人间事情的思考以及对于神事和命运的思考。这不仅是我们的历史学家对命运问题特有的关注，还是希腊的诗人和哲学家皆具有的一个共性，希罗多德关注的问题，同样是索福克里斯关注的问题，也是柏拉图所关注的问题。希罗多德是在讲故事，但他一会儿像史诗家，一会儿像悲剧诗人，而一会儿又像爱奥尼亚的晦涩哲人。细细品读《历史》就会发现，它既是史诗，也是悲剧，更是哲人的言录。难怪18世纪英国的史学天才爱德华·吉本说，希罗多德有时是在为孩子们写作，有时是在为哲学家们写作。

希腊悲剧诗人写作的永恒主题之一——神的嫉妒及惩罚和命运的无常，这是希罗多德天命观在《历史》中的主要表达，也是《历史》的主题。他以波斯对外战争为主线，以波斯的对外征服和希腊波斯之间的战争为主要写作对象，在讲述自己所听闻到的一切故事时，始终没有脱离这一主题。他所要提醒读者的是，"教给人的心灵在它已有的东西之外，总是不断贪求更多的东西，这是一件多么坏的事情"。因为"不容许过分高大的东西存在，这乃是上天的旨意"。诚如默雷说的，在希罗多德的观念里，"神毕竟是世界的道德法庭，而所有的法庭往往惩恶多、奖善少"。明白了这一点，我们也就不难理解希罗多德在《历史》结尾之处的巧妙安排，波斯人最后离开了，"他们宁可住在崎岖的山区做统治者，而不愿住在平坦的耕地上做奴隶"。全书以波斯人开篇，又以波斯人结尾，强大的波斯因为自己的傲慢觊觎他人的幸福，结果遭到了神惩。这是一种暗示，也是希罗多德对雅典的告诫，泰米斯托克利带领雅典人及其盟邦勒索安多罗斯、卡律司托斯和帕洛司以及希腊联军蹂躏底比斯已经是不义的行为了。希罗多德已经看到了雅典在战争中凭借提洛同盟而建立了自己的霸权后，渐显其恶。曾经朴素的阿提卡如今初尝霸权的滋味，难道他要重蹈克洛伊索斯的覆辙吗？多年后，修昔底德对希罗多德这一带有警醒的问话作了回答："由于人性使然，过去发生的事情将会重演。"

第 4 章

希罗多德的政治观

　　由于古典材料对希罗多德的记载少得可怜，因此，对于希罗多德的研究在很大程度上只能依据于他唯一传世的《历史》，这样的事实容易导致的不足是不难想象的。正如很多人所认识到的，由于在任何情况下，诠释上的困境意识总是存在的，而这种困境尤其适合于编撰这种现实历史以及阐述其背后一些理论的人。所以，翻阅后世有关希罗多德的研究成果时必然会发现，对他及其作品的理解和研究仍然像谜一样充满着很多的争议。比如，在文本上，《历史》的主要内容是记述希波战争，还是讲述波斯的对外征服？在个人世界观上，希罗多德对波斯是怎样的一种情感？同样的，本章所要探讨的希罗多德政治观也是一个颇有争议的问题。希罗多德是否具有泛希腊思想？他拥护民主制吗？

朴素平等的民族观

希罗多德的政治观念，是和他个人的民族观念紧密相关的。正如卢里叶所说的那样，要研究希罗多德的政治观点，必须了解他在民族问题上所采取的立场：在多里斯人对爱奥尼亚人，希腊人对异邦人的斗争中，他是怎样行动的。

希罗多德眼中的异邦人

这里所说的"异邦人"，源自于古希腊语中的"bárbaros"，即英语中的"barbarian"。从其语源上分析，这是一个拟声词，表示那些不会说希腊语而只发出"吧吧（bar-bar）"这种噪音的人，印欧语系中这样的词很多。所以希腊语的本意便是"不会说希腊语的人"，它并不意味着现代意义上的英语词语 barbarian，而汉译"蛮族人"则不仅未能完全表达它的含义，且有引起误解之嫌。

为了较好地让读者明白希罗多德眼中的"异邦人"概念，我们不得不对希腊人观念中的异邦人概念的衍化作一必要的阐述。古希腊人习惯上将他们所知的人类大家庭成员分为希腊人和异邦人。依上述分析可知，异邦人这一称呼最初是没有情感色彩的，希腊人称非希腊人为异邦人，犹如犹太人称非犹太人为 gentiles（外邦人）一样。

（1）荷马的时代，异邦人只是纯粹词源上的概念，它只表示不会说希腊语的人。在荷马的史诗中，异邦人一词表示"说人们听不懂的话的人"。诚如修昔底德所指出的，荷马甚至没有用过"外族人"这个名词，在荷马的那个时候，希腊人还没有一个统一的名称以和希腊人以外的世界区别开来。

（2）希罗多德的时代，异邦人一词还未脱去最初的拟声含义，但随着希波战争所引起的希腊人和异邦人的逐渐对立的事实，这一词轻微地含有了将希腊人和非希腊人对比的意思，然而并没有民族情感上的蔑视，而且这种观念似乎只限于希腊本土的个别民众。希罗多德本人对于异邦人并没有情感上的蔑视，他说过这样的故事，多铎那人曾经把从外族来的一些妇女称为鸽子，因为他们说外国话，于是当地的人们便认为这种话和鸟叫一样了。而"埃及人称所有讲其他语言的人为异邦人"。可见，在希罗多德眼里，异邦人并没有鄙视外族人的意思。

（3）亚里士多德的时代，异邦人一词完全衍化为指希腊人和非希腊人的对立，此时的希腊人将非希腊人都称为异邦人，但此时的异邦人则可译为"野蛮人"。亚里士多德在《政治学》中表达得很清楚，他说："希腊人谁都不乐意称优良的希腊种人为奴隶，他们宁愿将这个名称局限于野蛮人。"

从《历史》的相关记载来分析，希罗多德眼里的异邦人仍然是一个纯文化的概念，它指的是那些不会讲希腊语的人。但是在读了《历史》后，在整体上似乎又会觉得希罗多德在很多地方是将希腊人和异邦人进行对比的，而异邦人一词有时难免带有轻蔑的意思。如何解释这种矛盾呢？显然的一点是，这与希罗多德本人所处的政治环境有关，且不要忘记他是曾经生活在伯里克利时代的雅典的，他所处的政治环境迫使他会有意识地去吟诵雅典的光荣，从而给读者造成这样的印象。

从实际情况来看，在马拉松战役、温泉关战役以及萨拉米斯湾海战之后，在希腊人中间不可能不出现对于民族统一及其自身民族情感的认同心理。但是在这时候的希腊人的观念里，像在亚里士多德的时代将异邦人与希腊人完全对立起来的事实还是不存在的。甚至在希罗多德之后的一段时期，异邦人还是更多地用来指语言上的差别，而并没有鄙视非希腊人的意思。这一点在"喜剧之父"阿里斯托芬的作品《鸟》里有着极明显的反映。这部上演于公元前414年的喜剧，以神话故事为题材讲述过这样的一个情节，群鸟之王戴胜以希腊语教"异邦鸟",各鸟既习希腊语,就自称为"希腊鸟"了。可见,在古典时代末期,异邦人还没有对外族的鄙视含义,虽然希腊人和异邦人在人们的观念里呈现对立性,但这种对立也只是观念上的习惯。若此,小亚细亚的多里斯人希罗多德则更不会将异邦人视为野蛮的民族了,在他的观念里,异邦人依然是一个纯粹的文化概念。

浓郁的东方文化情结

希罗多德丰富而多彩的人生造就了他在后世的复杂形象。从文化养成上分析,希罗多德是爱奥尼亚式的,但是从出身来说,他则是亚细亚式的,很明显的一点是,他是出身于多里斯的殖民城邦哈利卡尔那索斯人,而这个城邦在他出生的时代是隶属于波斯的,所以他本人也是波斯臣民,而非正统的希腊人。他的童年时代便是在爱奥尼亚文化和东方文化的双重影响下度过的,而他不惑之年以前的人生旅行基本上又是在亚洲完成的,或许正是由于这样的缘故,我们在《历史》里发现了他对于东方文化的情有独钟和迷恋。

《历史》的前四卷几乎都是重笔墨地描述东方,从吕底亚到波斯,从埃及到巴比伦,再从阿拉伯到印度,希罗多德对于这些地区历史、地理、种族以及风俗习惯诸方面的描述给每一位读者留下了深刻的印象。而尤其值得注意的是,当希罗多德描述东方的这些地区的时候，时而透露着他对于所描述对象的不同程度的赞许。他告诉读者，吕底亚人是最初铸造和使用金银币的人，又是最初经营零售商业的人。他肯定了波斯人接纳外来风俗时的开放胸襟，明确讲述了波斯人教育孩子的方法，即孩子在5岁之前不能见到自己的父亲，而是要和母亲生活在一起，这样做的原因是由于一旦这孩子不能养大，父亲不致受到丧子的痛苦，他说："在我看来，这确乎是一项贤明的规定。"同时，希罗多德还认为波斯人对待一个犯了错误的人的方法也是值得推荐的，即国王不能由于某人只犯了一个错误而把他处死，而任何一个波斯人也不能用无法治疗的伤害来惩罚自己仆人的仅有的罪过。他赞许波斯人对于河流的敬重态度，说波斯人绝不向河里小便、吐唾沫或是在河里洗手。他欣赏波斯人对待被征服者的态度，他说波斯人习惯上对于国王的儿子是尊重的，甚至国王叛离了他们，他们仍然会把统治权交还给国王的儿子。

在谈到巴比伦时，希罗多德更是没有掩饰自己对于巴比伦人的发明和习俗的称赞。他详尽地描述巴比伦人的建筑业绩——巴比伦城的建造过程，并指出他们的烧砖技术，对护城河的发明和对沥青的使用。巴比伦人利用高架吊水瓮进行灌溉及其丰富的物产给希罗多德以深刻的印象。他称许巴比伦人聪明的嫁女习俗：每年的每个村子里，把所有的已到出嫁年龄的姑娘都集合到一处，男子则在她们的外面站成一个圆圈，然后新娘们便拍卖给新郎。他们将最漂亮的姑娘以最高的价钱出卖，以此类推。当拍卖人把所有的漂亮姑娘买完之后，他便把那最丑的姑娘叫出来，或是把其中也许会有一个跛腿的姑娘叫出来，问男子们谁肯为了最小额的奁金而娶她。而当那甘愿以小额奁金的男子要娶这个姑娘的时候，之前出售漂亮姑娘所得的钱便都会交给这个丑姑娘作为妆奁。于是，所有姑娘便都嫁出去了，希罗多德说这是他们风俗中最好的。此外，希罗多德还为人们讲述了他所认为的巴比伦人最贤明的另一个风俗：巴比伦人是没有医生的，然而当一个人生病的时候，这个病人便被带到市场上去，而曾经得过同样病的人或是看过别人得过同样病的人便会来到病人面前慰问他并且会告诉他治疗的办法，他们会把曾经治好自己的病或是他们知道的治好别人的病的办法推荐给这个病人。谁也不许一言不发地从病人身旁走过，而不去问他所得的是什么病。希罗多德还提及希腊人从巴比伦人那里学会了波洛斯（日钟）和格诺门（日晷）以及一日分成 12 个部分的事实。

在希罗多德的观念里，埃及是属于亚细亚的。希罗多德对于埃及古老文明的敬仰和对于埃及人的发明的赞许，在《历史》的整个第 2 卷里被他不厌其烦地一一讲述给了他的故事的聆听者。他相信埃及人在全人类当中第一个想出了用太阳年来计时的办法，并且把一年的形成时期划分成 12 个部分。而他本人说："在我看来，他们计年的办法要比希腊人的办法高明。"他还认为是埃及人最初使用了 12 位神的名字，而希腊人的奥林匹斯的 12 位神便是从埃及借用过去的。此外，他还认为海拉克列斯的崇拜也是起源于埃及，因为"实际上，海拉克列斯这个名字与其说是埃及人从希腊人那里得来的，而毋宁说是希腊人即把海拉克列斯这个名字给予阿姆披特利昂的儿子的那些希腊人，从埃及人那里取得了这个名字"。他顺便含蓄地批评了希腊人的看法，说"希腊人谈过许多没有适当根据的话，在这些话当中，有下面关于海拉克列斯的一段荒唐无稽的说法。……然而在我看来，这种说法却证明希腊人完全不知道埃及这个民族的性格和风俗习惯"。同样的，希罗多德认为狄奥尼索斯的崇拜也是源于埃及的。他明确说道，是阿尔铁昂的那位既智慧又懂得预言术的儿子美拉姆波司"把狄奥尼索斯的名字，他的崇拜仪式以及带着男性生殖器的行列介绍给希腊人的"。他对于埃及的祭神及其相关仪式的观察，竟然使得他作出了过于夸大的结论："可以说，几乎所有的神的名字都是从埃及传入希腊的。我的研究证明，它们完全是起源于异邦人那里的，而我个人的意见则是，较大的一部分是起源于埃及的。"不仅如此，希腊人还从埃及人那里学到了神托方式、祭祀时进行占卜的方法、举行祭日时的集会、游行和相关法事等。对此一点，希罗多德还特地指出说："我认为这是有根据的，因为埃及的仪式显然是非常古老的，而希腊的仪式则是不久前才开始有的。"此外，希罗多德还认为希腊人从埃及人那里学会了量地法、雅典人梭伦学会了阿玛西斯的律法而将之施用于他的国人中间。希罗多德还认为，希腊的盾和头盔都是从埃及学来的。

此外，希罗多德还记述说，希腊的文字是借自于腓尼基人的。阿提卡人是比世界上任何其他民族都尊重信义的。后世学者对于希罗多德的记述和认识作了分析，认为他的说法有很多的合理性，但在很多的地方又显然有夸大之嫌。我们且不管希罗多德的叙述对与否，但单从希罗多德对于东方文化的情感上来判断，很明显的一点是，虽然他也称颂阿提卡的自由并看到了希腊人精神世界的很多闪光点，但在他内心深处，东方文化似乎是一切文化和智慧的摇篮。

哈利卡尔那索斯的爱国主义

哈利卡尔那索斯是希罗多德的故乡。在这里，他生活了大约 20 年的时间，可以说，他少年时期所接受的教育，基本都是在这座小亚细亚的海滨城市完成的。这里的文化氛围无疑深刻影响了他内心世界里难以割舍的个人情感和相应的价值取向，比如，哈利卡尔那索斯的爱国主义便是其中之一，《历史》的很多地方都自然地流露出了这一点。

在希罗多德的笔下，卡里亚人应该得到同情。他说在古昔，卡里亚人是居住在岛屿上面的，是国王米诺斯的臣下，当时被称为勒勒吉人。他们在米诺斯统治的时代，是不向强大的米诺斯国王纳贡的，"是远比其他一切民族都要著名的民族"。卡里亚人还发明了三样东西：把羽冠套到头盔上面、把纹章加到盾牌上面、把把手加到盾牌上面。希腊人正是从卡里亚人那里学会了使用这三样东西。在薛西斯入侵希腊的大军中，卡里亚人是一支极其重要的力量，希罗多德是将卡里亚人和爱奥尼亚人与异邦军分开看待的。他们在战争中有着极强的战斗力，以至于泰米斯托克利说要取得战争的胜利，就得将卡里亚人和爱奥尼亚人从异邦军中分离出来。无疑，希罗多德的这些讲述体现出了他作为一个卡里亚地区出生的人所不可避免的个人情感倾向。

哈利卡尔那索斯是多里斯人所建的希腊式殖民城邦，所以哈利卡尔那索斯人对于多里斯人的尊敬是显而易见的事实，希罗多德对于多里斯人的讲述也难免有情感上的尊敬。很多时候，希罗多德对于多里斯人的叙述总是和爱奥尼亚人（尤其是雅典人）相提并论，而细心的读者必会在他这种对比性的讲述中发现他对于多里斯人的态度。在初次谈到这两支希腊人时，他认为爱奥尼亚人是由过去的讲异邦话的佩拉司吉人演化而来的，比如其中的阿提卡人便是如此，他们在最初是有着自己的语言的，只是在后来学了希腊语后才变成了希腊族。多里斯人因富于流动性南迁到了伯罗奔尼撒，但他们本身就是希腊民族，他们自出现以来就一直是使用着同一种语言的。

同时，希罗多德对于多里斯人的尊敬还体现在他对于斯巴达的政治制度及其军事组织的赞颂上。他认为由于吕库尔戈斯的改革，斯巴达人成了一个享有良好法制的民族。希罗多德通过米利都的僭主阿里司塔哥拉斯欺骗拉凯戴蒙的克列欧美涅斯不成，但在欺骗30000名雅典人时获得了成功这一事件，反衬了他对于斯巴达政治制度的肯定。希罗多德还借用戴玛拉托斯和薛西斯的对话巧妙地表达了拉凯戴蒙人的伟大之处，他说："拉凯戴蒙人在单对单作战时，他们比任何人都不差；在集合到一起来作战的时候，他们就是世界上无敌的战士了。他们虽然是自由的，但是他们并不是在任何事情上都是自由的。他们受着法律的统治……"后来的温泉关一役，斯巴达国王李奥尼达等人的光荣战死则成了这一观点的有力佐证。

另外，希罗多德的这种爱国主义情感更直接地体现在他对于哈利卡尔那索斯的女王阿尔特米西亚的爱戴和敬佩上。

前已述及，当温泉关战役和萨拉米斯湾海战发生的时候，希罗多德年仅四五岁而已，阿尔特米西亚是追随波斯的。尽管在希罗多德的观念里喜欢雅典人的民主是甚于哈利卡尔那索斯的僭主政治的，但是他仍然在自己的著作中对这位僭主倍加赞扬。他认为阿尔特米西亚领导的城市，都是多里斯族的。在薛西斯那支庞大的队伍中，肯定有不少富有智慧和指挥才能的人，但希罗多德特地提到了阿尔特米西亚，并且还安排了阿尔特米西亚本人的相关发言，从而反映了这位女王的崇高形象。萨拉米斯湾海战时，阿尔特米西亚是利用诡计才得以逃脱的，但希罗多德没有否认"她做了伤天害理的事情"。他给读者留下的印象是，他似乎认为这是女王的聪明过人之处。一有紧急情况发生时，希罗多德就把阿尔特米西亚描绘成了薛西斯得力的顾问形象，比如，当薛西斯需要召集波斯顾问商议的时候，他觉得也应该把阿尔特米西亚找来参加会议，因为"只有她一个人是懂得最好应当如何做的"。当阿尔特米西亚到来的时候，薛西斯便下令所有其他人等，即波斯顾问和他的近卫士兵一概退去。难道薛西斯的智囊团里果真没有别的可信赖的顾问吗？这显然是不太符合实际的。因此，出现在希罗多德的讲述中的将阿尔特米西亚形象放大的这一情况只能反映出"历史之父"对于自己城邦的女王的敬重和赞扬。

其实，对于希罗多德的民族观念，我们是不难得出结论的。他出生于波斯治下的多里斯人城邦哈利卡尔那索斯这个多民族聚居区，自幼在此受过良好的教育，后来游历广泛、见多识广，这样的人生背景决定了希罗多德平等朴素的民族观念。默雷说："当人们的主要信念仍然局限于一个民族，或一个市区，或甚至是一个村镇的时候，旅行可以帮助他们突破狭小的生活圈子，扩大视野。"希罗多德就是如此。他并不认为异邦人是蛮族，他们都是人类大家庭的成员；他虽然在文化上是希腊式的，但他并不排斥东方民族，相反在他眼里，东方更有着令他着迷的文明创造；他身处雅典复杂的政治环境之中，他的写作不可避免地要为雅典唱赞歌，但他并不会像雅典那样去敌视斯巴达。他对于很多民族和地区的历史、政治和社会习俗介绍基本上是在他平等朴素的民族观的基础上，冷静而客观地讲述给他的听众的。这种观念是史家从事创作不可或缺的美德。平等的民族观念带来的是一种公正客观的态度，这乃是古典史学的一个好传统，希罗多德为这个传统开了个好头。

被"拔高"的泛希腊爱国者形象

如果要求希罗多德是作为一个"爱国的希腊

人"而满怀着泛希腊的思想，那是同样荒唐的。

——卢里叶《希罗多德论》

《历史》中的雅典形象

对于希罗多德笔下的雅典形象的分析总是充满争议的。那些主流的看法往往在读者还没有来得及阅读《历史》的时候就先入为主。这种情况进一步造成的令人担忧的结果是，如果当读者带着这种偏见进行阅读的时候，他的判断力就会在自觉与不自觉之间被这种观念潜移默化地征服了。这是阅读《历史》最常见的一个现象。

传统的观念认为希罗多德是希波战争和同时期雅典的赞颂者。持这种观点的人有着这样的依据，即希罗多德在《历史》的很多地方公开称颂雅典人的英勇和光荣，他本人又是相当熟知这座城市的传说和历史，同时也公开为阿尔克美翁家族在战争期间的叛变行径进行辩护，希罗多德还是伯里克利小圈子的支持者，他本人受到伯里克利泛希腊思想的感染，等等。但是也有很多学者如威尔斯和赫尔曼·斯特拉斯布格尔等人对此表示反对。显然，要理解和认识希罗多德笔下的雅典，还得从文本出发，同时也得尽量避免传统观念的影响。

从《历史》的整个内容来看，前面的 4 章很少谈及雅典，即使出现也只是以插叙的方式提到，只是从第5章开始，雅典才作为正面叙述的对象被陆续提及。从参与爱奥尼亚人的叛乱和马拉松战役到阿尔特米西昂之战，以及再到后来的萨拉米斯湾海战和普拉提亚战役，希腊尤其是雅典开始成了《历史》主要谈及的对象。人们普遍认为，《历史》的主题是在讲希腊和波斯的战争，而这场战争又以热爱自由的希腊人对实行专制的波斯人的胜利而结束，因此，整个战争中的那几次能充分表达希腊人（尤其是雅典人）英雄形象的事迹被赋予了至今让人们津津乐道的光环。在希罗多德看来，雅典人最大的贡献在于为对抗波斯的胜利所作出的努力，这一点是不言而喻的。在公元前490年的马拉松一役，雅典便开始成了希腊的英雄，希罗多德对此有着如下的描述：

> 和波斯人厮杀成一团的雅典人，却战斗得永难令人忘怀。因为，据我所知，在希腊人当中，他们是第一次奔跑着向敌人进攻的，他们又是第一次不怕看到米底的衣服和穿着这种衣服的人的，而在当时之前，希腊人一听到米底人的名字就给吓住了。

这是希波战争一开始的雅典形象，而这种形象在读者的印象中，似乎一直保持到了整个战争的结束。在公元前479年普拉提亚战役发生之前，当铁该亚人和雅典人为了战斗的配置而发生了争执的时候，他们便开始互举其在过去争斗中的功业，于是希罗多德又借雅典人之口发了言：

老实讲，我们实际有着绝不次于任何希腊人的许多丰功伟绩，但纵令我们没有成就任何一件业绩，单就我们在马拉松一地的战勋，我们便有资格享受这个，或是更多的荣誉了，因为在全体希腊人当中，只有我们单独和波斯人交锋，在那样的巨大事业当中我们没有辱命，我们打败了四十六个民族。单单是这一桩功业，难道我们还不应当占有这个地位吗？

可以说，在讲述雅典在战争中的这一英雄形象时，希罗多德是坚信雅典乃是希腊的救世主。希罗多德生活于伯里克利时代的雅典，而且也是伯里克利政治小集团的成员之一，他的写作或许会让阿提卡之外的希腊人觉得不满，但是他所处的政治环境使得他仍然需要维护雅典的形象。在萨拉米斯湾海战之前，雅典人虽然从他们的城市撤离了，但是他们仍然坚定还要在海上作战而非撤离到科林斯地峡，最终在雅典人泰米斯托克利的决定下，雅典再次拯救了希腊，希罗多德宣称了雅典作为全希腊救世主的形象，他说道：

在这里，我不得不发表自己的一个见解，虽然大多数的人是不喜欢这个见解的。可是，如果在我看来是真实的见解，那我是决不能把它放在心里不讲出来的……因为，当国王制霸海上之际，我看不出在地峡上修筑城壁会带来什么好处。但实际上，如果说雅典人乃是希腊的救主的话，这便是十分中肯的说法了。雅典人站到哪一方面，看来优势就会转到哪一方面。雅典人既然认为希腊应当继续保有它的自由，他们便激励剩下的没有向波斯屈服的那一部分希腊人……

希罗多德不仅从正面直接来描述雅典，而且也通过其他希腊人在战争中所表现出来的怯懦来反衬这一点。萨拉米斯湾战前，拉凯戴蒙人和阿尔卡迪亚人、科林斯人等皆集合在地峡上修筑工事，因为他们意识到了波斯所带来的危险。希罗多德说：

但是其他的伯罗奔尼撒人却毫不关心。但无论如何，奥林匹亚祭和卡尔涅亚祭都已经过去了。

他之所以说"但无论如何，奥林匹亚祭和卡尔涅亚祭都已经过去了"的话，是因为拉凯戴蒙人曾在战争发生的时候以举行叙阿琴提亚祭的名义故意不想参与雅典人的联盟对抗波斯。他在一方面继续称赞雅典人果敢的同时，接着在另一方面也讲述着部分希腊人的懦弱，以及这些人对于同胞的背叛。

> 伯罗奔尼撒住着七个民族……在这七个民族当中，除去我上面所说的城市之外，所有的城市都是采取旁观的中立立场的。而如果我能够随便讲话的话，则那些城市这样一来，就是站到敌人的一面去了。

不仅如此，在希罗多德的笔下，经过普拉提亚一役，雅典人再次成了希腊的英雄。而且，希罗多德同样说，在同一年的米卡列战役中，雅典人是最勇敢的希腊人。那么为什么希罗多德将这些赞颂都给予雅典人呢？很显然，因为他所宣扬的雅典的行为都是致力于维护伯里克利时期雅典的泛希腊形象的，但是这种立场并不是本人的初衷，而是伯里克利时代以雅典为首的雅典同盟的利益追求。玛尔多纽斯派遣马其顿的亚历山大去与雅典人商谈结盟之事，雅典人用一种语气回绝了亚历山大后，却又用另一种语气给到来的斯巴达使节作了答复。希罗多德借用雅典人之口，向斯巴达使节说了下面的话：

> 全体希腊人在血缘和语言方面是有亲属关系的，我们诸神的神殿和奉献牺牲的仪式是共通的，而我们的生活习惯也是相同的，雅典人如果对上述的一切情况表现出不诚实的态度，那是很不妥当的。

不难判断，这些话是希罗多德代替雅典人向斯巴达人说的。其中缘由正如卢里叶所说的那样，由于希罗多德后来倾向于雅典，他便迁居到雅典去了。他成了一个无可非议的爱国者，但他只是一个雅典同盟的爱国者，而不是泛希腊的爱国者。希罗多德的确是赞赏阿提卡的"自由"，因为正是这种自由鼓励着它的公民们将自己的热情奉献于它的事业。对于雅典业绩的颂扬，是他初至雅典后在雅典政治和文化氛围的影响下难以避免的。所以，他对雅典心存的敬意使得他在描述战争中雅典人的形象时，不可避免地出现部分的夸大也就不难理解了。

但是希罗多德对于雅典的这种崇敬也并不是盲目和有意为之的。雅各比分析认为，希罗多德歌颂雅典的"言论自由"的部分内容，是在以雅典文献为史料的章节里讲的。迈克尔·格兰特也认为希罗多德对于雅典的论述是因为他听雅典人说得比较多的缘故。因此，若说他本人的著作完全是在给雅典唱赞歌，则显然也是不合事实的。希罗多德不是雅典人，在离开家乡后的大部分人生中，他更多的是一位旅行者。纽卡斯尔大学的约翰·摩尔说得对，希罗多德的特殊出生背景和人生阅历完全可以为我们解释他观察身边的人和事时所表现出来的那种开放、无偏见和平衡的视野以及他对于很多地区的历史和文化的特有兴趣。

同样的，除了对于雅典的赞赏之词外，读者在《历史》的很多地方也能看见很多有损于雅典"救主"形象的叙述，这类叙述或是含蓄的嘲讽，或是断然的谴责，抑或是公开的批评。在第 4 章中说到米利都的僭主阿里司塔哥拉斯的故事。一向以民主著称的雅典人居然被这位爱奥尼亚叛变的煽动者所欺骗了，希罗多德只用那一句话，便将雅典人民主的盲点揭露无遗。他也不顾雅典人的自尊心而屡次说雅典人并不是原始的希腊族，不是阿提卡最早的居民。这一观点在传统的雅典人那里是极不受欢迎的，因为自梭伦以来的雅典人都为自己的民族自尊心辩护，从而认为爱奥尼亚人的祖先都是从阿提卡本土上成长起来的，是古希腊最古老的民族，雅典乃是爱奥尼亚的最古老的土地。但希罗多德坚持自己的观点，一再使人们相信，爱奥尼亚人即使在学会了希腊语成了希腊族后，他们在所有的希腊民族当中也是最不受重视的。他虽然接着说"他们除了雅典之外，没有一座比较像样的城市"之类的话。但正如雅各比所分析的，这乃是希罗多德的违心之言，他是为了讨好雅典人才加进去的。希罗多德在后面的讲述中，再次重申了自己的看法，他说：

> 当佩拉司吉人统治着如今成为希拉斯的地方时，雅典人就是称为克拉那欧伊（高地居民）的佩拉司吉人。在国王开克洛普斯（传说中第一代雅典

王）统治他们的时代，他们是叫作开克洛皮达伊，而当王权转移到埃列克铁乌斯（传说中第六代雅典王）的时候，他们又改换了自己的名字而称为雅典人了，可是当克苏托斯（赫楞与自然女神俄耳塞伊斯之子）的儿子伊昂成为雅典人的统帅的时候，他们又随着他的名字而改称爱奥尼亚人了。

可见，希罗多德并没有使自己屈从于雅典人的偏见，他在很多的时候完全坚持着自己的观察。他也会毫不犹豫地谴责雅典，正如他欣然地赞颂它时一样。他公开地指出雅典人曾被庇西特拉图幼稚的欺弄所骗的事实，好像他们乐意于僭主的专横似的；他明确地谴责雅典人对待波斯信使的残忍；他含蓄地批评雅典人对于埃吉纳人质的无礼扣留；他还公开指出雅典在呼吁波斯人与其缔盟之事上为其他希腊人所树立的榜样，而且也指出直到马拉松战役发生的那一天，雅典人的队伍中也有摇摆不定的观望者和叛徒这样的事实。

通过以上事实分析，很显然的是，在希罗多德的笔下，他对于雅典的讲述既有对其正面形象的讴歌，也有对其反面行为的批评，《历史》显然不是希罗多德为雅典英雄形象所唱的赞歌。

希罗多德在伯里克利小圈子中的角色

　　希波之间主要的战争结束之后，雅典虽暂时性地从战争的蹂躏中走向恢复，但是国内的政治斗争依然持续着。公元前472年，伯里克利因履行雅典"公益捐献（*古典时期，雅典城邦规定让一些富有公民承担公共节日演出的费用和提供维护三层桨战舰的费用等公共支出的捐助制度*）"义务，出资承办了埃斯库罗斯的悲剧《波斯人》的演出，由此初露头角。公元前466年，他追随民主派领袖厄菲阿尔特（*约前500至前461*）开始着力于扩大雅典民主机构公民大会和陪审法庭的权力，积极反对以贵族派领袖西蒙为首的战神山议事会（*贵族议事会，因会址设在战神山，故名*）的滥用权力。公元前462年，厄菲阿尔特当政并实行改革。翌年，西蒙被放逐，而厄菲阿尔特不久即被暗杀，伯里克利由是而成为国家重要领导人物。此时的雅典也逐渐步入了它历史上最辉煌的时期。此际，伯里克利的周围出现了一批文化名人，他们组成了一个政治小集团。哲学家阿纳克萨哥拉斯、雕刻家菲迪亚斯以及悲剧作家索福克里斯等人皆是这个集团的重要人物。那么，希罗多德和这个小圈子是什么关系呢？这自然得从《历史》所提供的信息来分析：当雅典人公开反对阿尔克美翁家族时，希罗多德是站在为阿尔克美翁家族辩护的立场上发言的；希罗多德曾是伯里克利图里伊殖民的重要参与者；希罗多德与伯里克利政治小集团内部成员如索福克里斯等人的熟识关系。后世的学者由此而推断，希罗多德本人曾经也是这个雅典政治小集团的成员之一。

伯里克利小集团对于这位新成员有何影响呢？在此，对于伯里克利政治集团对外政策及其背景作适当的回顾无疑是必要的。在波斯方面，薛西斯本人自败退回国后长期隐退宫廷，公元前465年即被禁卫军司令阿尔达班谋杀。阿尔塔薛西斯一世（前465至前424）虽坚持对希腊的强硬态度，但公元前451年与雅典同盟军队在塞浦路斯一战后，不得不与雅典寻求和解，公元前449年双方签订了《卡里阿斯和约》（对此和约的真实性多有争议）。在斯巴达方面，由于西蒙被放逐后，斯巴达不希望看到以雅典为首的提洛同盟的继续强大，双方的同盟关系在公元前462年便宣告破裂。公元前448年，斯巴达集团拒绝参加伯里克利计划在雅典召开的泛希腊大会，这一拒绝最终使会议胎死腹中，迫使伯里克利重新调整外交政策。《三十年和约》便是雅典和斯巴达这两个同盟相互妥协的结果，但相互敌对并没有因一纸和约而减弱。

希罗多德正是在这种紧张的政治环境下初至雅典的。虽然他不是雅典公民，但是他的特殊身份使得他在伯里克利集敌行为的坚决否认，并借此以说明阿尔克美翁乃是反僭主政治的。在雅典普遍流行这样一种看法，即当马拉松战役接近尾声，波斯人绕过苏尼昂海角时曾一度打算在雅典人回来之前先进入雅典。阿尔克美翁家族和波斯人相勾结，他们举起盾牌来给那些在船上的波斯人作暗号。希罗多德对此坚决予以否定，他断然地说道："这件事在我看来是不可思议的，是不可相信的"，"说他们竟然举起盾来作暗号，这在我看来是一种既不可理解，又不可相信的非难"。结合当时雅典各大贵族家族之间的政治争斗，可以认为，说阿尔克美翁家族通敌在很大程度上只是反对者的阴谋而已。

但希罗多德借此塑造阿尔克美翁家族的反僭主形象也似乎是有问题的。他说，阿尔克美翁家族是和卡里亚斯一样的反僭主的人，而且庇西特拉图的子弟放弃僭主地位也是出于阿尔克美翁家族的策划。在希罗多德的讲述中，我们得到了这样的印象，即正是在阿尔克美翁家族反僭主的过程中，雅典才得到了自由。希罗多德还告诉那些听他故事的人，阿尔克美翁家族在雅典是"最有声誉和最受尊敬的"，他们"在古时便已是雅典的名门，而从阿尔克美昂，还是麦加克勒斯以来，他们的声誉就更加提高了"。但问题是希罗多德的记述符合历史事实吗？答案是否定的。因为即使是阿尔克美昂的孙子——克里斯提尼，这位所谓的"民主政治的缔造者"

本人也并不是坚决反僭主的。因为在事实上他本人曾在庇西特拉图的儿子——僭主希庇亚斯的统治下任执政官，他的改革动机并不在于雅典民主政治本身，而他的改革只是在当时复杂的政治环境中，与政敌斗争且随时调整自己政策后的结果，它的实行似乎只是在复杂的政治斗争环境下的权宜之计。所以，不难看出，希罗多德是过分地夸大了阿尔克美翁家族的"反僭主"形象。当然，希罗多德这样做是有着现实意义的，雅各比说，伯里克利所处的地位决定了他是非常关心这一点的，公元前432年雅典反对派和斯巴达还提出他母系祖辈的所谓"渎神罪"来反对他。因此，对于希罗多德的辩护也就不难理解了。

需要注意的是，希罗多德在为阿尔克美翁家族的形象辩护的同时，也并没有完全接受伯里克利时期雅典人心目中的"阿尔克美翁传统"。阅读《历史》，我们也会发现希罗多德并没有一味地为了维护阿尔克美翁家族的形象而诋毁它的政敌，比如他对于米太亚德及其子西蒙的故事便很好地说明了这一点。当许多雅典人攻击米太亚德，克桑提波司的儿子阿里普隆在人民大会弹劾他并要求处死他时，希罗多德并没有完全站在阿尔克美翁家族的立场发表意见。相反地，他言语之间表露出来的是对米太亚德的同情。不管希罗多德与雅典主要领导者的关系如何，他并不支持那个时候雅典的主

导性倾向。由于身处复杂的政治旋涡，他的写作不可避免地会受到一定的影响。在总体上他也秉承自己一贯的客观和公正。作为伯里克利小圈子中的成员，他一方面似乎是在执行着这个集团所给予自己的委托，但另一方面他又并没有按照这一委托来讲述自己心中的故事。

希罗多德泛希腊爱国者形象——一个误读

很多人会这么认为，希罗多德是一个希腊人，他的《历史》又是在讲述希腊与异邦人的战争，他歌颂雅典人、斯巴达人以及那些起来抗击异邦人的希腊人，歌颂他们的团结和一致对外最终保护了自己的自由不被异邦人所践踏的光荣事迹。因此，希罗多德也就自然而然地成了一位宣传泛希腊爱国主义的历史学家。果真是这样吗？显然不是，这种曾在传统教科书上被大肆渲染的希罗多德泛希腊爱国者的观念是如何的不正确，便是下面需要着重指出的。

首先，希罗多德平等朴素的民族观念决定了他不具有呼吁全希腊人团结起来一致对抗波斯人的思想。如前所述，希罗多德对于很多民族和地区的历史、政治和社会习俗的介绍基本上是在他平等朴素的民族观的基础上冷静而客观地讲述给他的听众的。虽然他也曾颂扬雅典人并为阿尔克美翁家族辩护，但是那只是身处雅典政治环境中的不得已而为之罢

了；虽然他也赞颂斯巴达的组织和他们的英勇事迹，但那也是他个人情感上的一种倾向。他也同样表达着他对于巴比伦、波斯、埃及等地好的事物的欣赏。同时，他本人也是不喜战争的，他认为如果可以通过和约而得到和平的话，那么战争就要尽量去避免。

其次，希罗多德早年所受的教育和广泛游历决定了他很难有所谓的泛希腊情感。正是由于这一点，我们看到，在他的笔下，哈利卡尔那索斯和其他小亚细亚地区臣服于波斯的希腊人城邦似乎是满足于他们在波斯治下的地位的。因此，当爱奥尼亚人最初开始起来反抗居鲁士的时候，有的城邦的态度是显得极不情愿的。按照希罗多德的天命观，爱奥尼亚人起来叛乱，雅典人渡海东进相助无疑是无可置辩的侵略行为。同时，所谓的希腊人本来就是一个模糊的概念，尽管他们在某些宗教、风俗习惯上有着极大的相近性，但是不同地域范围的希腊人之间在自身情感认同上势必会有所偏差，这乃是不同地理环境下常常出现的结果。小亚细亚的希腊人和希腊本土的希腊人是有着明显的差别的，小亚细亚的希腊人虽然都是希腊世界的组成部分，但是他们长期生活于东方，他们对于波斯人的认识必然会和希腊本土的希腊人不同。和本土的希腊人不同，他们似乎是生活于西部本土的希腊人和东部的波斯人之间地带的居民，因此在他们身上有着相对

明显的"小中立国居民心理"，这一点在战争中有着明显的体现。很多的时候，中立也意味着公正、公平。如此，希罗多德的讲述便透露着惊人的客观性，正如很多学者普遍发现的，我们的波斯战争的伟大历史学家对于我们称为民族自豪感、光荣和自由的一切事物是极其冷淡的。因此，当带有"爱希腊"情感的读者在阅读希罗多德的作品时，指责他有"亲波斯"的一面也就不足为奇了。

再次，希罗多德并没有站在雅典的角度来叙述希腊和波斯之间的战争，这也意味着他并没有附和或是支持雅典官方的"泛希腊政策"。对于希波战争，小亚细亚的希腊人、希腊本土的希腊人和波斯人三方之间的记述是完全不同的，我们从三方的记述中发现了完全不同的画面。作为小亚细亚的希腊人，希罗多德的叙述在很多方面仍有着可商之处，2500多年来的对于《历史》文本的争论未决就足以证明这一点。希腊本土的希腊人对于希波战争的记述可见于埃斯库罗斯的相关作品，比如在前面一章所提及的《波斯人》即是如此，我们从悲剧诗人的作品中感受到了他对于波斯国王薛西斯出征前国内悲情场面的描绘，但是希罗多德对于波斯人出征前的描述则完全与埃斯库罗斯的笔调不同，在他的笔下，波斯人是满怀自信地进入欧罗巴的。埃斯库罗斯是亲自参加过战争的希腊人，他极力在自己的作品中通过波斯人的

焦虑和不安来反衬他们必败的命运。而波斯人自己对于希波战争的记载又与前二者完全不同，我们在罗马帝国时代的希腊作家比提尼亚人迪奥·克里索斯托那里得到了这样的一条信息，他说："据一位波斯人宣称，他们从未在希腊人开出的任何条件下认输，而仅仅认为大流士分别派遣了达提斯和阿尔塔普列涅斯进攻纳克索斯和埃列特里亚，在占领了这些城市后他们便回到了大王身边。……薛西斯出征希腊人，在温泉关征服了拉凯戴蒙人并杀死了他们的国王李奥尼达。然后占领和摧毁了雅典人的城市，把所有还没有来得及逃跑的人都卖为奴隶。在给希腊人吩咐了他们要缴纳的贡税后便返回了亚细亚。"

迪奥的记载来自波斯人，我们在后来的波斯人的造型艺术中看到了这样的场面，即在波斯的浮雕中，阿胡拉马兹达的信仰者战胜了武装着矛和盾的希腊人，而希腊人多呈现跪姿。因此，迪奥的记载是可信的。从三方面的对比中，我们可以看出对于同样历史事件的叙述是充满着明显的不一致性的。其中，希罗多德是站在小亚细亚的希腊人角度审视这一场战争的，他的哈利卡尔那索斯出生使他首先是一个多里斯人，正如卢里叶教授所说的，"从童年吃奶的时候，他便吸取了对爱奥尼亚人的憎恶和蔑视"，虽然他曾有意地维护雅典，但是正如雅各比指出的，这种维护只是他到了雅典后的

修正而已。而在"一切涉及德尔菲的地方，希罗多德就更加不愿意迎合雅典政府的意思了"。所以说，那种认为希罗多德是泛希腊爱国者的观点是"荒唐的"。希罗多德的小亚细亚出身和对于东方的迷恋决定了他不可能具有伯里克利政治观念中的"泛希腊爱国主义"情结。

希罗多德时代的希腊显然不是一个国家，而是由许许多多相互独立的城邦国家组成的一个笼统的地理概念，从文化认同的角度上讲，这些城邦国家有着不同的经济的、阶级的成分、制度、文化和结构。而把它们结合在一起的只是宗教信仰、某些风俗习惯、文字的共通性。将民族主义情感角度上的"泛希腊爱国者"形象冠以希罗多德的做法，诚如德国历史学家维克托·埃伦伯格在《东方与西方》一书中指明的那样，好比是"把我们时代的感受转移到过去，这乃是不能容忍的现代化"。据英国学者彼得·格林考证，"泛希腊主义"乃英国史家乔治·格罗特首创，因此，"泛希腊主义"显然是一个现代名词，是"我们时代的感受"。将现代化的学术语境中的概念运用于希罗多德则显然是以现代民族国家理念为潜台词的，因此，这种牵强的附会是不可取的。

有保留条件的民主观

希罗多德拥护民主制吗？若是，那他个人观念中的"民主"是什么样的呢？这种"民主"和当时的雅典所实行的民主是一回事吗？而它和现代政治观念中的民主又有怎样的区别呢？

雅典的民主与政体

为了在讨论希罗多德对于民主的认识时，不至于出现概念上的混乱，在此，有必要对民主从概念上作一简单的介绍。

民主，是一种政治管理形式，在这种形式下，管理的权力源于人民，并通过一致的协商、直接的公民投票（*直接民主*）或者人民选举自己的代表（*代议制民主*）来实现管理。"民主"一词源于希腊语"δημοκρατία"，从词源上讲，它是由"dêmos"（*乡区，有民众、公民之意*）和"Kratos"（*力量、武力，泛指权力、统治之意*）两个词合生而成，合起来即指"人民的统治"，这便是"民主"一词的本义。尽管对于民主一词没有一个确切的和被人们所普遍接受的定义，但是按照亚里士多德的陈述，民主的精神在于"自由"，

127

而自由的要义之一便是"平等"，因此，平等和自由也就是民主的基本特征了，这些特征反映在所有的公民在法律面前人人平等并且有平等的机会参与国家权力上。这便是古代希腊人观念中的民主。

但是古代人所谓的民主、自由绝对不是现代人观念中的民主、自由，两者有着根本性的差别。对于这一点，法国思想家邦雅曼·贡斯当于1819年在他的那篇题为《古代人的自由和现代人的自由之比较》的演说中曾有着如下的明确表达：

> 古代人的自由在于以集体的方式直接行使完整主权的若干部分：诸如在广场协商战争与和平问题，与外国政府缔结联盟，投票表决法律并作出判决，审查执政官的财务、法案及管理，宣召执政官出席人民的集会，对它们进行批评、谴责或豁免。……它们已承认个人对于社群权威的完全服从是和这种集体性自由兼容的。我们看不到古代人享受我们经常所说的现代的自由。在古代，所有私人行动都受到严格的监视。个人相对于舆论、劳动，特别是宗教的独立性未得到丝毫重视。我们今天视为弥足珍贵的个人选择自己宗教信仰的自由，在古代人看来简直是犯罪和亵渎。社会的权威机构干预

那些在我们看来是最为有益的领域，阻碍个人的自由。……法律规制习俗，由于习俗涉及所有事物，因此，几乎没有哪一个领域不受法律的规制。

因此，在古代人那里，个人在公共事务中几乎永远是主权者，但在所有私人关系中却都是奴隶。作为公民，他可以决定战争与和平；作为个人，他的所有行动都受到限制、监视与压制；作为集体组织的成员，也可以对执政官或上司进行审问、解职、谴责、剥夺财产、流放或处以死刑；作为集体组织的臣民，他可能被自己所属的整体的专断意志褫夺身份、剥夺特权、放逐乃至处死。

古代人的目标是在有共同祖国的公民中间分享社会权力：这就是他们所称为的自由。而现代人的目标则是享受有保障的私人快乐；他们把对这些私人快乐的制度保障称作自由。

他的演说的很大部分也是以雅典的民主观念为出发点的，雅典民主制下的自由和现代西方的自由观念显然不是一回事。根据贡斯当的演说，我们也就不难理解为什么雅典法庭会判处苏格拉底死刑了。丹麦古典学家汉森是有名的雅典民主和城邦问题的权威，他认为雅典的民主是古代世界里直接民主最为完美的例子，雅典人的自由即有能力参与国家的决策过程，有权利生活而不受到来自国家和其他公民的压制。平等并不是完全的纯天然的平等，而是指机会的均等。

当然，民主制度并不是自远古以来就为希腊人所固有的东西，希罗多德在《历史》中讲述道，斯巴达是典型的贵族寡头政体，但他并没有批评这种政治管理形式。雅典人也是在摆脱了僭主的桎梏后不久才建立民主制度的。那么，古代的希腊存在着几种类型的政体呢？亚里士多德的《政治学》对此问题专门作了讨论。他将政体分为"正宗政体"和"变态政体"两类，认为城邦的最高统治权的执行者（可以是一个人、少数人或多数人）要是旨在照顾全邦共同的利益，则由他或他们所执掌的公务团体就是"正宗政体"。反之，如果他或他们所执掌的公务团体只照顾自己一人或少数人或平民群众的私利，那就必然是"变态政体"。前者包括（王制）君主政体、贵族政体和共和政体三类，而后者包括与之相对应的三种变态的政体，即僭主政体、寡头政体和平民政体。也就是说，僭主政体为君主政体的变态，寡头政体为贵族政体的变态，而平民政体为共和政体的变态。亚里士多德是希罗多德之后的人，他的论述多为人们所提及的主要原因不仅在于他的《政治学》的精彩论述，而且还在于他的论述乃是对于古希腊人民主观念的总结。

在审视希罗多德对于民主的理解时，须小心这样的一个陷阱。古希腊民主自身也经历过一个自我完善的过程。在亚里士多德之前的古希腊人，尤其是在政治家和哲学家、演说家以及历史学家等精英分子的眼里，民主政体并不是什么绝好的东西。如苏格拉底、色诺芬、吕西亚斯以及柏拉图是完全反对民主政体的，而亚里士多德本人也并不是完全赞同民主政体的，他只是在对几种政体作了比较后才认为，民主政体是变态政体中"最可以容忍"的一种，显然，他是带着很大的让步才认可民主制的。同时，在考察了雅典的情况后，他得出结论说，雅典的民主始终是一种"极端民主"。但是需要提醒读者的是，使读者印象深刻的这种对于民主的普遍质疑已经是古典后期的情况了。我们且不能断然地拿这个时期的精英分子对于民主制的否定来审视希罗多德时期雅典民主政治的发展，若此，定会得到不合理的解释。

对于古希腊的历史稍作回顾便不难理解，在伯罗奔尼撒战争之后，希腊的政局和民主制度与希罗多德时代的情况必定有很多的不同之处。那么，"历史之父"希罗多德对民主是如何认识的呢？

从波斯人对于建立何种政体的争论说起

对于希罗多德政体价值观的分析，只能从他的《历史》中有关民主的几个片段来说明。在《历史》的第 4 卷，当大流士等七人集团在推翻了僭位者玛哥斯僧的政权后，就波斯建立何种政体而进行了一番认真而激烈的讨论。这段精彩的论辩在欧塔涅斯、美伽巴铁斯和大流士3人之间展开，而尤其以欧塔涅斯所说的"法律面前人人平等"而为很多人所熟知。3人中，欧塔涅斯最先发了言，他的意见是使全体波斯人参加管理国家。希罗多德为他安排了如下的发言：

> 我以为我们必须停止一个进行独裁的统治，因为这既不是一件快活事，又不是一件好事。你们已经看到冈比西斯骄傲自满到什么程度，而你们也尝过了玛哥斯僧的那种旁若无人的滋味。当一个人愿意怎样做便怎样做而对自己所做的事又可以毫不负责的时候，那么这种独裁的统治又有什么好处呢？把这种权力给世界上最优秀的人，他也会脱离他的正常心情的。……他嫉妒他的臣民中最有道德的人们，希望他们快死，却欢迎那些最下贱卑劣的人们，并且比任何人都更愿意听信谗言。此外，一个国王又是一个最难对付的人。如果你只是适当地尊敬他，他就会不高兴，说你侍奉他不够尽心竭力；如果你真的尽心竭力的话，他又要骂你巧言令色。然而我说他最大的害处还不是在这里；他把父祖相传的大法任意改变，他强奸妇女，他可以把人民不

加审判而任意诛杀。不过，相反的，人民的统治的优点首先在于它的最美好的声名，那就是，在法律面前人人平等。其次，那样也便不会产生一个国王所易犯的任何错误。一切职位都抽签决定，任职的人对他们任上所做的一切负责，而一切意见均交由人民大众加以裁决。因此我的意见是，我们废掉独裁政治并增加人民的权力，因为一切事情是必须取决于公众的。

以上便是欧塔涅斯的意见，但是美伽巴铁斯在自己的发言中坚决抵制民主制，并表达了对于民主制的深恶痛绝。他的意见是主张组成一个统治的寡头。他发言道：

我同意欧塔涅斯所说的全部反对一个人的统治的意见。但是当他主张要你把权力给予民众的时候，他的见解便不是最好的见解了。没有比不好对付的群众更愚蠢和横暴无礼的了。把我们自己从一个暴君的横暴无礼的统治之下拯救出来，却又用它来换取那肆无忌惮的人民大众的专擅，那是不能容忍的事情。不管暴君做什么事情，他还是明明知道这件事才做的；但是人民大众连这一点都做不到而完全是盲目的；你想民众既然不知道、他们自己也不能看到什么是最好的最妥当的，而是直向前冲，像一条泛滥的河那样盲目地向前奔流，那他们怎么能懂得他们所做的是什么呢？只有希望波斯会变坏的人才拥护民治；还是让我们选一批最优秀的人物，把政权交给他们罢。

在继欧塔涅斯和美伽巴铁斯之后，希罗多德安排大流士作了最后的发言。毫无疑问，大流士必定是拥护君主制，但他的发言也是在对比了其他两种制度的优劣之后得出的：

我以为在谈到民治的时候，美伽巴铁斯的话是有道理的，但是在谈到寡头之治的时候，他的话便不能这样看了。现在的选择既然是在这三者之间，而这三者，即民治、寡头之治和独裁之治之中的每一种既然又都指着它最好的一种而言，则我的意见，是认为独裁之治要比其他两种好得多。没有什么能够比一个最优秀的人物的统治更好了。他既然有与他本人相适应的判断力，因此他能完美无缺地统治人民，同时为对付敌人而拟订的计划也可以隐藏得最严密。……再者，民众的统治必定会产生恶意，而当在公共的事务中产生恶意的时候，坏人们便不会因敌对而分裂，而是因巩固的友谊而团结起来；因为那些对大众做坏事的人是会狼狈为奸地行动的。这种情况会继续下去，直到某个人为民众的利益起来进行斗争并制止了这样的坏事。……因而我认为，既然一个人的统治能给我们自由，那么我们便应当保留这种统治方法；再说，我们也不应当废弃我们父祖的优良法制；那样做是不好的。

如何理解希罗多德讲述的这段论辩呢？首先，这不是欧塔涅斯、美伽巴铁斯和大流士本人的话，而是希腊人自己的认识。正如中国学者郭小凌所指出的，这一论辩说明着这样的事实，即随着公元前5世纪希腊各种政体的成型和多样化，希腊人已开始了对不同政体进行对比研究，并已明确意识到民主制特有的民治、选举、法治、公开性与君主制的独裁、世袭、人治、封闭性的对立，以及觉察到不同政体之间存在着有机的联系，即集体政治由于派别纠纷会趋于集权政治。其次，我们也不可想当然地就作出判断，从而认为希罗多德放到欧塔涅斯或大流士嘴里的发言是代表着他自己的意见的。很明确的一点是，他是不赞同大流士的观点的，因为他在随后的总结中这样说道："在判断上述的三种意见时，七个人里有四个人赞成最后的那种看法。这样一来，想使每个波斯人具有平等权利的欧塔涅斯的意见就失败了。"这里面显然透露着他对于欧塔涅斯意见被否决之余的惋惜。

希罗多德在谈到雅典的民主制度时，曾多次表示了自己对于这种制度的好感。他在讲到雅典政治被推翻后而逐渐强大起来的时候说："权利的平等，不是在一个例子，而是在许多例子上证明本身是一件绝好的事情……当他们受着压迫的时候，就好像是为主人做工的人们一样，他们是宁肯做个怯懦鬼的，但是当他们被解放的时候，每一个人就都尽心竭力地为自己做事情了。"而在借戴玛拉托斯之口说给薛西斯的话时，他又说："希腊的国土一直是贫穷的，但是由于智慧和强力的法律，希腊人自己得到了勇气；而希腊人便利用这个勇气，驱除了贫困和暴政。"因此，从上面的这些例子都可以看出来，希罗多德是拥护民主制的。

小结："欺骗许多人比欺骗一个人要容易些"的背后

通过上面的分析，我们知道了希罗多德拥护民主制的政治立场，但是希罗多德是完全拥护民主制的吗？或者说他是无条件拥护民主制度的人吗？希罗多德关于雅典人被米利都僭主阿里司塔哥拉斯欺骗的故事以及他的感叹巧妙地为我们提供了这一问题的答案。

正是由于阿里司塔哥拉斯成功地欺骗了雅典人，所以雅典人才将自己的船只开到小亚细亚的爱奥尼亚地区，造成了这一切战争的苦果。而阿里司塔哥拉斯的成功则正反映出了雅典民主制的营养不良及其弊端。雅各比对此有着相当精彩的评述，他说，希罗多德不是先验地相信民主观点的正确性的人——他是从贵族集团出身的……决不能把欧塔涅斯称颂民主制度的话看成希罗多德自己的观点。不错，他歌颂阿提卡的"言论自由"，但这些话是在以雅典文献为史料的章节里讲的。要看他对于民主制度限度的估价，具有决定性意义的却是这样的一个意见，即"看来，真好像欺骗许多人比欺骗一个人要容易些"。

这一感慨背后所反映出的雅典民主制度的弊端，不仅在希罗多德的故事中，而且还在很多希腊人如苏格拉底、色诺芬那里屡遭批判，柏拉图对这一制度的完全否定又为人们进一步思考民主制创造了很好的理论依据。苏格拉底早就批评雅典城邦事务的致命缺陷就是它由一群业余者管理，他认为管理城邦，应是专家所为。柏拉图在《理想国》中有着这样的叙述——民主是"一种使人乐意的、无政府状态的、花哨的管理形式，在这种制度下不加区别地把一切平等给予一切人，不管他们是不是平等者"。亚里士多德在《政治学》中尖锐地指出，在雅典的民主制下，由于平民领袖不愿意限制自己的自由，而平民又不愿意轻易让出已得到的充分权利。在长久的争斗中法律也丧失了尊严，雅典式的民主乃是一种"极端民主"。

总的看来，希罗多德是拥护民主制的，但是他也看到了雅典民主的不足，他并不是激进民主的崇拜者。他欣赏雅典的民主制度好的一面给雅典带来的进步，但是也批评这种制度的弊端给雅典带来的灾难。格兰特对此问题的结论是正确的："希罗多德知道历史乃是恒久地摇摆于专制和自由之间的钟摆，他选择了后者。……然而，他没有盲从于民主制的不足，因为，用他的话来说，欺骗很多人比欺骗一个人要容易得多。因此，他倾向于让雅典的贵族接受民主来进行统治，只要他们不要走得太远。这也是戏剧家索福克里斯、阿里斯托芬和埃斯库罗斯的观点。"简言之，希罗多德是在带着很大的保留条件的情况下才接受民主制的，他并不是雅典民主制的完全拥护者。

希罗多德既不是泛希腊的爱国者，也不是雅典民主制的完全拥护者，他的政治观决定了他在思考一个国家或城邦实行何种制度时所依据的乃是它们的传统和习俗。所以在他看来，一个国家实行哪种政体并不是最重要的，重要的是它所实行的这种政体是否符合它们的习惯。波斯并不是没有民主思潮，玛尔多纽斯的改革便足以证明这一点。但是君主制符合他们的习惯，而民主制又符合希腊的习惯。在拥护民主制时，他是希望贵族式的民主制的。正如卢里叶指出的那样，"他和温和阵营的许多雅典人都认为斯巴达的民主制度是民主制度的最完美形式。但是，根据他的意见，斯巴达之所以不好，是因为他们破坏了自己父祖相传的风俗习惯，而且他

138

们的行动是傲慢和狡猾的"。可见，他的政治观是和他个人宗教情感和道德观念中的很多东西相交织的，他深信品达的观点——习惯乃是万物的主宰。

第5章

希罗多德的史学方法

希罗多德，这位出生于哈利卡尔那索斯讲故事的高手，仅凭借《历史》一书就被冠以"历史之父"的美名而被后世称颂至今。罗马帝国时期的修辞学家萨姆萨特人卢西安曾说得那么谦恭：我虔诚地希望能够模仿希罗多德其他一些特点就好了！我并不希望学会他所有的特点——那当然是毫无希望的。但他使模仿者失望的那些特点中哪怕只学会一种也好啊，例如，他那愉快的风格、他那构思的技巧、他那爱奥尼亚语的天然魅力、他那万千警句构成的财富，或者是他那匹锦绣上的万千花朵中的任何一朵，如果能学到手该多好啊！

且不管中世纪和近代的学者又是如何称赞希罗多德和他的作品的，单就在当代学者中，此类的赞誉亦是不绝如缕。古希腊文学史权威默雷曾这样说：希罗多德的著作不但记述惊心动魄的重大政治斗争和伟大的思想斗争，而且也许比任何著名的书籍更能表达出整个人类的精神面貌，更能表现这个通过一个人的才智、以独具的洞察力正确地观察到的世界。

汤普森对于希罗多德及其作品的称道更显其情有独钟之处，他以近乎渲染的笔触说道："'历史之父'赋予史学以庄严高贵的风格。这在过去还是从来没有过的。他能够从他的时期以前的那些被看作历史的大量杂乱无章的材料当中，即时构思成有条理的故事；在这点上，他远远超过他以前的任何作家。……在所有曾经存在过的历史作家中，希罗多德是最接近于不朽的了。"

卢里叶的评论简洁而精确，他说："把严肃的科学内容跟具有高度艺术性的表述方法结合到一起：希罗多德的《历史》也正是用散文写成的史诗。"

除了褒奖和赞颂外，贬毁和批评也一直是存在着的。自修昔底德始，人们对于希罗多德的敌视便一直延续着。修昔底德同样是伟大的创作天才，但是他更多地将兴趣沉淀于战争史，从而使得他的作品没能像希罗多德的作品这样引人入胜，雅俗共赏。因此，我们相信，由于《历史》本身所具有的风格之美，此类的称赞势必将持续下去。

《历史》的成功有很多原因，其中，他的写作特点和方法也值得重视。如取材上对于各类史料的甄别和应用，结构上对于整体结构的巧妙安排，范围上的东西方兼顾，叙述上的从容与客观。可以说，正是这些特殊之处才使他得到了"历史之父"的美誉，也正是因为这些，《历史》才被一代又一代的人们传承、阅读。

史料的兼收并蓄

史料是历史写作的基础。没有史料，历史写作也就无从谈起。正如梁任公所言："史料为史之组织细胞，史料不具或不确，则无复史之可言。"史料乃"过去人类思想行事所留之痕迹，有证据传留至今日者也"。也就是说，人类社会历史在发展过程中所流传下来的，并能帮助我们认识、结构和重建历史过程的痕迹即为我们常说的史料了。对传留至今日的这些历史痕迹，人们依据不同的标准将其归为不同的类。如根据史料的存在形式，可将其分为实物史料和文献资料。对当代史家记当代事而言，当事人的口述也是资料的重要来源之一。根据记录史料者主观意识的不同，法国年鉴学派的宗师马克·布洛赫将史料分为"有意"和"无意"两大类。前者包括成文的历史著述、回忆录和公开的记述等，其记录者都是"有意"地以自己的文字左右时人和后人的视听；后者指政府的档案、军事文件、私人信件以及各种文物等，这是当时的人无意中留下来的。傅斯年根据史料有无直接性而将史料分为"直接史料"和"间接史料"，前者是未经中间人手修改或转写的，而后者是经过了中间人手修改或转写的。与此类似的，还有我们常见之于欧美学界的分法，即所谓的"第一手材料"和"第二手材料"这样的情况。可以说，对于史料的分类因其所依据的方法不同，史料的多样化也便是显而易见的了。

英国维多利亚时代的历史学家和政治家阿克顿认为，历史学乃是一门"收集历史资料的艺术"。这句话一方面说明了史学和史料的关系，另一方面还强调了历史学家在收集和甄别繁杂而多样的史料时所应具有的素养。写作历史本来就是各类创作中最具有难度的，抛开其他因素不论，首先"得资料之道"独难。也就是说要首先"搜集必需的资料"。但是当我们阅读《历史》时，又感觉这对于希罗多德来说似乎并非问题，因为希罗多德曾广事游览，一生的大部分时间完全是在到处寻访古迹，搜罗天下放失旧闻。可以说，他丰富而漫长的人生旅行完全是一次资料大搜集。

默雷说："如果说希罗多德大半生从事于《历史》的创作和叙述，那么他一定掌握了比现在我们看到的更多的原始资料，毫无疑问，这些材料部分的形式也不尽相同。……我们现有的这部著作，似乎都是根据作者毕生搜集笔录下来的大量素材写成的。"细读《历史》，便可以发现希罗多德不仅懂得合理地安排自己的材料，更明白单单几类材料是不足以满足他对于自己作品的创作的。他对于他所知的那个时代的几乎所有材料都作了尽可能的搜集和整理，大体来说有以下几类。

（1）**希腊文学史料。**这类材料广见诸《历史》，它不仅对于希罗多德少年教育有着重要的启蒙作用，而且也构成了他的作品某些部分的直接史料源。在希罗多德之前的希腊文学的发展，主要成就在于史诗和抒情诗，而在历史散文兴起之前的民间传说、系谱神话、年代记以及不多的旅行纪事虽然可以被视为这一时期文学创作的主要源流，但是还不能算在严格意义上的文学范畴之内。所以，对于已颇有文学素养的希罗多德来说，他所能看到的希腊文献的范围还是很小的，而且是容易全部看到的。卢里叶借此而判断说："可以相信，除了少数的例外，希罗多德是精通当时他所能看到的一切比较流行的文献的。"通过对《历史》中此类材料的条析和梳理，可以大致确定他所利用过的希腊文学史料：在诗人当中，除了经常引用荷马、赫西俄德、阿里斯铁阿斯、萨福、品达等人的作品外，还引用过帕罗斯人阿尔齐洛库斯、阿尔凯乌斯、品达的老师赫尔米涅昂人拉索司、凯欧斯人西蒙尼戴斯等人的作品。同时，他还用到过雅典悲剧诗人埃斯库罗斯和弗里尼库斯的诗作。他肯定用过伊索的作品。如果没有太大出入的话，还可以肯定的是，希罗多德曾经利用过公元前 6 世纪地理学的先驱卡律安达人司库拉克斯的作品，只是后者的记录已经亡佚，不便证实罢了。

在阅读《历史》的时候，总是能碰到很多精彩的言论，可以推定希罗多德利用过当时十分流行的贤者名言录。希罗多德是利用过七贤之首的梭伦的言论的，他的作品里很多故事似乎都有梭伦"避免极端"这一思想的影子。而当读到"谨慎是一件好事，事先的考虑却是真正的智慧了"的时候，自然不会忘掉他也是利用过科林斯僭主培里安多洛斯的名言的，因为"三思而行"的希腊版正是出自这位贤人。威尔斯和俄国学者 B. Ⅱ. 布捷司库尔等人认为，希罗多德还使用了预言者巴奇司和穆赛欧斯等人的《预言集》，希罗多德本人也提及他们是神谕的整理者，对于希波战争中的几次预言就是来自于这两个人。有学者指出，希罗多德放到波斯人的御医希腊人戴谟凯代司嘴里的两句格言，以及他放到波斯人嘴里的某些格言，经其他作者的证明都是德谟克利特的话。

根据卢里叶的分析，希罗多德可能还读过和利用过希腊智者学派之前的那种爱奥尼亚文献。比如，关于波斯人对于民主政体、寡头政体和君主政体展开的辩论，以及关于语言起源的论断，似乎就是很好的例子。最能体现他利用过智者学派文献的一个证据就是希罗多德放到大流士嘴里的精彩论述：

> 在必要的时候，是可以说谎话的。不管是说谎，还是讲真话，我们大家都是为了达到同一个目标；说谎的人这样做是为了取得信任并由于他的欺骗而得到好处，说真话的人则希望真话会使他得到益处和更大的信任：因此我们只不过是用不同办法达到相同的目的罢了。

卢里叶说，我们不应该感觉到奇怪，希罗多德在很多时候将这样的论断放到波斯人和埃及人的嘴里，只是古典哲学和诡辩法里一个常见的方法而已。

（2）**口头史料**。在文字发明以前，口耳相传是保留史料的最基本形式之一。孔子编《春秋》，即采用了不少"所闻"的口头资料，司马迁著《史记》，自言其"网罗天下放失旧闻"。希罗多德在《历史》中频频提及"吕底亚人说""波斯人说""埃及人说""利比亚人说"等之类的话，说明他的材料很大部分是来自他人的口传。所谓"路上行人口似碑""有口皆碑"即是说明口头材料的价值和重要意义。口头史料在希罗多德的著作中是运用最多的一种，因此也是最重要的。正如默雷指出的那样，他"多半依赖于一些见闻广博的人的口头陈述来写作他的古代希腊和米底的历史。在异邦人的国家，他更多地依靠的是译员的知识和城市中希腊人聚居地区中人们的街谈巷议"。

在《历史》中，口头史料主要有两种类型，一种是经过希罗多德本人实地调查而来的，另一种是他从别人那里间接听来的。有时，他会特别作一说明，但并不总是这样，所以我们在具体的地方又很难分清。但总的来看，希罗多德对于这类材料基本上是审慎使用的，他不厌其烦地如实直书着自己是如何获得这一信息的：

> 在居鲁士的时代，在这个圣域里仍然还有一座人像。……我本人没有见过这座像，但我在这里是照着迦勒底人告诉我的话写的。

> 这样的事情是我从孟斐斯地方海帕伊司托斯的祭司们那里听来的。……除去上面所提到的之外，我在孟斐斯和海帕伊司托斯的这些祭司谈话时，还听到各式各样的许多事情。

> 上述这一切当中开头的部分是多铎那的女祭司们讲的；关于赫西俄德的后面的部分则是我自己说的。

> 以上所述都是我个人亲自观察、判断和探索的

结果。下面我再根据我所听到的记述一下埃及的历年事件，这上面再加上一些我自己看到的东西。祭司们告诉我说……

我们自己看到了地上面的（迷宫），所以现在只讲看到的部分；地下面的那一部分我们只是听别人讲的。

有时，希罗多德为了证实某种口传信息的正确与否，还会特地去做实地调查以获得确实的结论。比如，他曾说过：

我甚至为了这个目的到底比斯和黑里欧波里斯去，专门要去对证一下那里的人们所讲的话是不是和孟斐斯的祭司们所讲的话相符合。

由于我亲身上行直到埃烈旁提涅去视察并且对于从那里再向上的地区根据传闻来加以探讨；结果我所能知道的全部情况便是这样……

为了在这件事情上得到确切的情况，我到腓尼基的推罗那里作了一次海上的旅行……

我曾有一次到阿拉伯的几乎对着布头城的一个地方，去打听关于带翼的蛇的事情。在我到达那里的时候，我看到了……

这样的实地调查，反映了希罗多德对于口头材料的"存疑"态度和"求真"的精神。当然，他有时也对一些听来的故事表示怀疑。

可以说，希罗多德大部分故事都是别人通过口头的方式转述给他的。他虽然到过埃及，但是对于埃及的很多事情他是通过埃及祭司和通译之口而得来的。他对于斯基泰人的很多记述，更是凭借了口头资料。他在德尔菲住过一段时间，和当地的祭司们进行过长期的交谈，有关德尔菲的很多讲述即由此而来。他本人没有参加过希波战争，而对于战争的很多场面的描述也有很多地方是依据了亲历者的口述。也正是由于他的作品在很多地方使用口头材料，批评者对其颇有微词，然而正是这些生动活泼的资料才使得他的作品脱去了枯燥的外衣，并换上了富有情趣的新装，从而吸引了一批批忠实的读者。

（3）文献档案。对文献档案的利用是《历史》的又一个史料特色。从全书来看，希罗多德所用的文献档案大体上可分为神殿的记录文献、政府的官方档案以及城市编年史和年代记三大类。第一类在希罗多德的著作里被大量引用，它既有来自于德尔菲的神谕文献，也有来自于其他各地区如萨摩斯、孟菲斯等地神殿的档案记录；第二类出现不多，它既有希腊的官方档案，也有非希腊的官方档案。

在古代希腊世界里，对诸神的信仰是人们生活中极为重要的部分，于是建筑神殿、祭祀诸神便成了人们生活的重要内容。而神殿中的记录常常被有意地保存下来，不管是当时的人，甚至是现在的人看来，这些记录仍然是重要的历史文献。神殿往往就像博物馆，它在希罗多德的作品的材料源里占有极为重要的位置。维拉莫威兹说："希罗多德的主要史料是德尔菲神谕的记录文献……这是神的名言汇编，这些名言都附有它们的经过，说明每一个神谕是在什么情况下说出的，又是如何应验的……在这里记述下了世界历史上最大的一些变故（如克洛伊索斯的垮台）和著名人物的遭遇（例如，*欺骗了自己朋友的斯巴达人格劳柯斯*）。"威尔斯特别提及这一点，并作了简单且必要的汇总，比如对克洛伊索斯的回答，对斯巴达人的回答，对米利都人的回答，对阿尔哥斯人的回答，对西普诺斯的警告，对科林斯的回答和对雅典人的回答，以及有关利比亚殖民的神谕，有关佩西斯特拉提达伊家族的神谕，此外还有神谕的整理者巴奇司和穆赛欧斯所收集的神谕，如关于萨拉米斯、普拉提亚和优波亚等相关的回答。但是莫米利亚诺认为维拉莫威兹的"鼓吹"是存在问题的，至于具体情况则不是这里需要交代的。

希罗多德还利用过德尔菲以外其他地区神殿的记录文献。他在萨摩斯人的赫拉神殿里获得了很多的信息，如萨摩斯人曾航行至海拉克列斯柱以西地区的故事、大流士在博斯普鲁斯的细节的描述、波律克拉铁斯的命运以及萨摩斯的对外关系等。同时，正如威尔斯所指出的那样，我们根据希罗多德在埃及的故事，还可以判断他从埃及孟菲斯的普塔神殿里也得到过相关的记录文献。

在政府的官方档案里，希罗多德利用过希腊一些城邦的官方记录。比如，他对于斯巴达统帅李奥尼达系谱的回溯和对于列乌杜奇戴斯家系的详尽列举就是很好的证明。很显然，如果没有官方的记录，他是不可能知道得那么详尽的。除此之外，希罗多德还很有可能利用过波斯的官方记录，比如，他对于波斯帝国下辖的诸总督区以及它们各自所交的贡税的详细记述、对于波斯王家大道的详尽描述以及对于参加出征的波斯陆军的各民族武器装备的叙述等，完全使我们有理由相信他是接触过波斯的官方记录的。不过，莫米利亚诺认为这些记述也有可能是来自于希腊人的材料，因为他本人是不懂外语的，而且在波斯的军队里是有很多希腊人的。

城市编年史和年代记也是希罗多德的一个史料来源。在散文写作兴起之前，城市编年史就已经出现了。默雷就说："从狭义的文学观点来说，最早的历史文献是爱奥尼亚城市的编年史，随后又是西西里城市的编年史。"这类文献类于中国古代的"地方志"，它主要是各座城市自己的历史记载。年代记的利用主要体现在希罗多德对埃及历代事件的叙述上，但是正如美国哈佛大学的威廉·兰格所指出的，他对于埃及编年史利用是很不准确的。卢里叶认为希罗多德对于波斯王家大道的记述则来自于波斯的年代记,这与上面所说的并不矛盾,波斯的年代记也是他们的官方文献。

(4)石刻铭文和纪念物。希罗多德对于古代的纪念物(尤其是战争纪念碑)和一些墙壁上的铭文也极为重视,这在《历史》中有着较多的例子。结合希罗多德本人的讲述和后世学者的普遍意见,可认为希罗多德本人是见过并利用了这些铭文材料来丰富自己的故事的。这类铭文有大流士在博斯普鲁斯时所刻的有亚述文字和希腊文字的两根石柱铭文、萨摩斯人芒德罗克列斯为大流士所献的铭文、大流士在色雷斯地区自诩功勋的铭文、雅典人纪念对贝奥提亚人和科林斯人胜利的铭文、萨摩斯人在战胜腓尼基水师后所立的石柱铭文以及纪念温泉关战役中阵亡斯巴达人的铭文等等。

不仅如此,希罗多德在自己的旅行生涯中还见到过很多其他的铭文以及绘画材料。比如,埃及向导为他翻译的埃及铭文以及他在贝奥提亚的忒拜所见过的卡德美亚铭文。当然,对于这一类铭文是存在很多争议的,卢里叶就明确指出希罗多德所引用的埃及铭文"内容显然是荒谬的"。当然,责任不在不懂埃及语的希罗多德,而在于通译和向导。著名的亚述学家、英国人阿基保尔·赛易斯和莫米利亚诺对于希罗多德所说的卡德美亚铭文提出了疑问,认为有伪造之嫌。

希罗多德所引用的其他爱奥尼亚人叛乱和波斯战争时期的铭文则无疑是真的，并且是极为重要的史料来源。希罗多德还曾适当地利用了壁画材料，比如，他对于马拉松战役的描述则来自于波力诺塔斯的绘画。

如果可以的话，我们还可以将与此相关的其他考古材料（如战争纪念雕像、坟墓、神殿中的三脚架等）都归于这一类史料。因为希罗多德本人是没有经历过战争的，他为了叙述战争还时不时提到这些战争期间所遗留下来的相关实物史料。比如，纪念李奥尼达的石狮子，在战争获胜后得来的俘获物，为纪念战争胜利的三脚架、神像以及普拉提亚战役后为纪念死者而建立的坟茔，等等。

总之，希罗多德的史料是丰富而多样的。他只懂希腊语，很多的时候要靠通译，这就不可避免地降低了他对于埃及历史记述的可信度。他的大部分史料是口头性的，而他对待这类材料是相当谨慎的，他有时为了证实某一种说法，会亲自做必要的调查。可能他也意识到自己过多地依靠了别人的口述，会使自己的故事失去听众，所以他又大量地引用了各种各样的材料来丰富和完善。默雷的总结是中肯的："他的历史性缺点是他的取材的必然结果——若干史实的真正不可靠的原因，不在于这样那样的谬误或不确凿，更不在于他的故意杜撰，而主要的在于他以别人的回忆，不自觉地对过去的事实作出浪漫主义的幻想，并把所有的历史解释为神意活动的结果。"

插叙的巧妙处理

> 如果他对于同一个主题的故事不作中断的话，
> 他就知道每一个很长的故事一定会使听众的耳朵
> 感到疲劳；但是如果在每隔一段时间就作出停顿的
> 话，则会欣然地打动听众的心灵。
>
> ——哈利卡尔那索斯的狄奥尼修斯《致庞培信》

希罗多德的作品结构的一大特色，即他对插叙的巧妙处理。这种插叙几乎遍及希罗多德《历史》的每一个卷落，可以说，正是由于他在插叙处理上所具有的天才般的技巧，从而使得他的作品获得了空前的历史性成功。

全书9卷，插叙频频出现，且举例说明如后。在第1卷里，当叙述到克洛伊索斯向德尔菲求得神谕后，顺其自然地插入了雅典和斯巴达各自的历史；第2卷本来是主要谈冈比西斯远征埃及的故事，但是让初读者意想不到的是希罗多德集中笔墨使这一章成了独立的"埃及志"；第3卷在讲述冈比西斯远征埃及的时候又插入了萨摩斯的故事，而在简单讲述大流士治下的波斯帝国的一些民族时，又大笔墨地插叙了印度和阿拉伯的故事；第4卷在交代大流士之前，希罗多德整整用了一半篇幅插叙了斯基泰人的故事；在第5卷讲述米利都僭主阿里司塔哥拉斯来斯巴达求助的时候，插叙了斯巴达的政治制度和社会习俗等方面的内容，在他请求无果而转向雅典的时候，希罗多德又以很多的章节来描写雅典人是如何摆脱僭主政治的事实，而且在这个故事里，令人迷惑地又插叙了盖披拉人和腓尼基人的故事；在第6卷，希罗多德主要讲述的是爱奥尼亚人如何起来反叛波斯的故事，但在其间他大量地插进去了有关斯巴达政治斗争以及雅典和埃吉纳之间的恩怨始末；第7卷在讲述薛西斯大军进犯希腊本土的时候，为了讲述的顺畅，又不厌其烦地插叙了阿尔哥斯和西西里的故事；第8卷在讲述希腊水师在雅典人泰米斯托克利的劝说下集结在萨拉米斯海湾时，中间插叙了伯罗奔尼撒的7个民族的情况，卷末又插叙了雅典水师的发展和马其顿人的历史故事；末卷在讲述希腊人获得战争胜利后的情况时，插叙了薛西斯的恶行。由此可见，插叙几乎无处不在。

插叙的频频出现，一方面丰富了讲故事者所要讲的故事，吸引了更多的读者，愉悦了当时的读者的心情，但在另一方面也给后来的读者造成了困惑。当这种困惑得不到合理的解释的时候，误读便不可避免地产生了。难怪希腊文学史家阿尔宾·莱斯基（Albin Lesky）认为希罗多德的兴趣就是在路边拾捡小花。格兰特也说，过多的插叙远远超过了战争的主题所需的笔墨。伯里在《古希腊历史学家》里明确地总结道：希罗多德对于插叙的处理使得他获得了坏的名声。因为这几乎使得他失去了把松散的材料安置于一个合适的地方时所应该表现出来的技艺。从结构上看，《历史》往往在第5卷被人们分为前后两大部分，而前半部分插叙较多，后半部分插叙相对较少的事实，使得很多人对于它的主题是什么的问题产生了明显的分歧（人们之所以认为插叙造成了偏离主题，很可能还与英语文献中时常将希腊语"插叙"一词译为"digression"〔离题话〕有关）。于是，这样的认识被普遍认可，即希罗多德这种脱离主题的叙事方式造成了他的作品缺乏明确的主线和主题，这是他那个时代写作技巧不完善的直接反映。那么，问题真是这样吗？希罗多德可是为众人所公认的讲故事的能手啊，他何以还要作出这般"愚蠢的"插叙呢？

细细品读《历史》，尽量去揣测希罗多德观念世界的那些东西时，我们会发现上面的这些看法显然有失偏颇。插叙恰恰是"历史之父"叙事方式的特殊之处。《历史》之所以出现这么多的插叙，是有理由的。

首先，这是希罗多德有意模仿荷马的表现。细心的读

156

者会发现,希罗多德曾在讲述自己的故事时说过这样的话:"我的历史从一开头便一直想把穿插的事件加进去。"希罗多德之所以有意加入这样的插叙,乃是在于模仿他的先辈荷马,因为插叙乃是史诗的一个文学特征。他在讲述自己故事的过程中又间隔地加入插叙,从而力图使得自己的作品能达到史诗所具有的那种变化节奏。希罗多德的同乡狄奥尼修斯早就指出过这一点。有学者说,在这一点上,希罗多德是最有名的荷马化的作家。

其次,这是受东方文学影响的结果。这种特有的"插叙"方法是古代东方文学发展的一个特色,正如卢里叶教授所指出的那样,早在亚述—巴比伦时期就已经有了这类讲述方式的故事,拉丁作家阿普列尤斯的《变形记》和阿拉伯的《天方夜谭》就是后来这种布局的范例。把寓言或是带有教育意义的例子插到正文里面来,这是东方文学的特色。格兰特曾指出,甚至希罗多德这种故事中套故事的蓄意安排,早在《阿拉伯之夜》以前就已经有了先例。卢里叶在对希罗多德和他之前的先辈著作中的插叙进行了比较性分析后认为,在他的先辈们的著作里,这类插叙虽起着很大的作用,但是他们的叙述是单调的,布局也是一样的。因此他们的作品并不是有趣的和引人入胜的,他们的著作也就被人们较快地遗忘了。然而在希罗多德的著作里,科学的内容和以东方故事

157

体裁所作的纯艺术的表述是兼而有之的，所以希罗多德获得了成功。

再次，这是口头文化时期作家们向大众介绍自己作品的必要途径。在文字还没有被创造出来的时候，人们都是通过口头的传唱方式来记忆过去所发生的事情的。但即使是在文字被逐渐创造出来以后，它的使用范围还是极其有限的，人们对于简短的事情会记录在青铜或碑石上予以保留，而对于较长的文字的保存仍然在很长的一段时期里以口头传诵的方式代代相传。在希罗多德的那个时代，希腊的文化生活基本上还是一种口头文化，作家们向大众介绍自己作品的最好途径便是大声地诵读。在这样的文化背景下，作家们在讲述自己笔下的故事时，自然就会发现这种情况，整个故事不可能一下子就讲完，分成若干个小故事是必要的。因此，对于其作品中插叙和部分断裂结构的出现乃是为了向听众诵读的方便。希罗多德曾以竞技者的身份在奥林匹亚赛会上向听众诵读过自己的作品，而如果后来的学者的推测没有错的话，希罗多德还曾在人群聚集的雅典公民广场上向民众朗读过自己的作品，并获得了一致的好评。

适当的插叙增添了作品的魅力，使得它意蕴更加丰厚。我们相信，当一个好的故事被讲者以这样的方式讲述出来的时候，它的听众也就越来越多。希罗多德不仅是历史巨匠，更是一位文学艺术大师。正如中国学者吴晓群所概括的那样，"这是一种随着语言本身的流动而流动的讲述方式，是一种随时准备分流、回溯，然后再重新汇合的言说方式。讲述者和听众有着一种当下的、直接的、即时的交流。这种讲述方式想向人们展示的，其实并不是一个有着清晰的原因—结果的、单线条的固定的叙述客体，而是一个有着众多线索，可以随时把某一段拆开来单独讲述，并可从不同视角、不同目的去解读的东西"。雅各比对希罗多德配置材料的巧妙手法大加赞赏，他说希罗多德善于特别敏锐地寻找可以把这些岔笔最好地安插进来的地方，并且知道应该怎样做才不致破坏全部的艺术效果。而卢里叶的总结更为贴切，"可以毫不勉强地说，在希罗多德的著作中，历史的部分和插入的故事的相互出现，就和希腊悲剧中的对话和合唱队的相互交替一样"。因此，正是希罗多德对于插叙的巧妙处理，《历史》才得以成为一部引人入胜的作品。难怪就连批评他最凶狠的普鲁塔克也不得不对这一点深表服膺，这位希罗多德的死敌在《论希罗多德的阴险》中曾这样说道：

> 希罗多德的风格是纯朴、轻快和活泼的，它迷惑了不少人……说服的力量是强大的。特别是当这作者的语言有这样多令人愉快的东西和力量以致会竟然掩盖了他的一切……缺点的时候。

兼顾整体的史观

唯有整体的历史才是真历史。

——马克·布洛赫《历史学家的技艺》

希罗多德的同乡狄奥尼修斯，在《论修昔底德》里说过下面的话："希罗多德把历史提高到更高的和更值得尊敬的阶段：他决定写关于不是一个国家、不是一个民族的事情，但是他在自己的叙述中把许许多多的、各种各样的故事，欧罗巴和亚细亚的都结合到一起。"

狄奥尼修斯的评论无疑是恰当的，他准确地道出了希罗多德在写作自己的作品时所努力追求的那种兼顾整体的历史观念。这种整体史观是他在运用自己的天命观审视问题时自觉产生的。因为在希罗多德的观念中，"人间的幸福是决不会长久停留在一个地方"的，所以他说："不管人间的城邦是大是小，我是要同样地加以叙述的。因为先前强大的城邦，现在它们有许多都已变得默默无闻了；而在我的时代雄强的城邦，在往昔却又是弱小的。"且来看希罗多德作品开篇那段著名的"开场白"：

在这里发表出来的，乃是哈利卡尔那索斯人希罗多德的研究成果，他所以要把这些研究成果发表出来，是为了保存人类的功业，使之不致由于年深日久而被人们遗忘，为了使希腊人和异邦人的那些值得赞叹的丰功伟绩不致失去它们的光彩，特别是为了把他们发生纷争的原因给记载下来。

从这里可以看出，希罗多德的目的乃是要"保存人类的功业"和希腊人、异邦人的那些丰功伟绩，而不仅仅是希腊人和波斯人之间的那场战争，这就是他的写作动因。

希罗多德从波斯人和希腊人发生纷争的根源开始追溯过去，为了描述波斯帝国是如何建立起来的，他先引出吕底亚国王克洛伊索斯的故事，接着从居鲁士的成长一点一点地讲述波斯人国家的建立，中间还时不时地插叙了雅典和斯巴达的历史。不仅如此，他还很有激情地将听众和读者的注意力引到遥远的美索不达米亚和玛撒该塔伊人生活的世界。接下来讲述波斯人入侵埃及的时候，用了整整一卷的笔墨来介绍埃及文明的历史、地理、政治、宗教及其社会习俗。我们不能确定在希罗多德之前，希腊人对于印度的认识有多少，虽然有希腊人如卡律安达人司库拉克斯、赫卡泰欧斯等记述过印度，而印度人也曾参加过薛西斯的大军入侵过希腊，甚至有部分的希腊人（如布朗奇达伊家族的希腊人）早在薛西斯的时候就已生活在中亚的巴克特里亚和印度西北地区了，但是希罗多德对于印度的记述也一定再次加深了人们对于东方世界的进一步认识。而他对于阿拉伯半岛的介绍在他以前的希腊人那里是不曾见到的，更是值得重视的。之后，他又将听众的目光引到黑海以北地区草原游牧民族斯基泰人生活的欧亚草原地带，甚至东到伊赛多涅斯人的居住地和阿里马斯比亚人的国土。虽然普洛柯奈苏斯人阿里斯特阿斯早已介绍过这一远离希腊人世界的地区，但希罗多德对这一地区的讲述似乎要比他的前辈给希腊人留下的印象深刻得多。在他生活的时代，所发生的最重要事件无疑要算是薛西斯对希腊的远征了。他本人虽然没有参加过这次战争，但是战争给予他的记忆显然是无法抹掉的，于是他花了很多的功夫来为人们（*尤其是希腊人*）讲述刚发生过的这一次让他们倍感骄傲的业绩。因此，也就不难看到目前传至我们手中的这部《历史》会有一多半篇幅是在讲述希腊人和波斯人的战争。希罗多德的兴趣不仅在于地中海东部世界，他同样也提及了西部世界的很多故事，他对西西里和意大利的讲述便是一个很好的说明。只不过由于他本人并没有机会去作进一步的考察，所以我们也就没有办法知道得更多罢了。

从整个故事来看，希罗多德的视野无疑是极其广阔的。他站在爱琴海的东部世界将自己目光作了尽可能的对外扫描，从卡里亚的家乡东到美索不达米亚，进而穿越波斯帝国的东部疆土直至印度西北地区；从尼罗河流域的古老文明到南部阿拉伯世界的初次印象再到欧亚草原地带游牧民族的广袤居地；从"大希腊"之一的西西里到意大利的简单描述甚至西进到海拉克列斯神柱的尽头。显然，希罗多德的视野几乎囊括了希腊人所可能知道的整个东方世界和整个地中海世界。同时，他尽可能地向听众和读者讲述了那个时代里希腊人所能了解到的几乎所有的地区和民族，如埃及、亚述、巴比伦、腓尼基、吕底亚、米底、波斯、印度、斯基泰、色雷斯、马其顿以及中亚里海地区的游牧民族和利比亚沙漠地区的诸多民族。就像希罗多德的研究者普遍认同的那样，在希腊，没有一个人能像希罗多德那样涉及范围如此之大。他记载的内容也是极其丰富的，从历史、政治、经济、宗教介绍到地理风貌、风土人情和动植物特征的描述，因此，人们说他的《历史》既是政治军事史，又是人类文化史、民族史、民俗史，还是早期人类学之作。他认为每个国家和民族都有自己的习俗或习惯，并坚信品达所说的"习惯乃是万物的主宰"这一颠扑不破的真理。可以说，希罗多德的讲述完全是对欧、亚和北非各地区、各民族的历史、地理、种族以及风俗习惯的整体观察，正是从这个意义上讲，《历史》也就获得了"百科全书式的世界史巨著"的美名。《新不列颠百科全书》"希罗多德"条有着这样的结论：

在散文创作上，希罗多德继承了他的先辈们，尤其是米利都人赫卡泰欧斯的成果，他曾不止一次地提到过这位伟大的旅行家。但是因为他们的特性或者在于记录一个城市或另一个城市很长时段的当地事件编年，或者在于记录他们对所知世界部分地区旅行的结果，他们的创作都没有形成一个统一的、有机的整体。然而从这个意义上说，希罗多德的作品无疑是一个有机的整体。因此，希罗多德也就是希腊的，乃至是欧洲的第一位历史学家。

卢里叶对此也说："不应当低估这样的一个事实，即希罗多德是第一位全面的历史家，他不把自己限制在一个国家或甚至一个民族的范围之内。他的先辈写的是地方编年史；米利都的赫卡泰欧斯尽管他的知识广泛和普遍，却仍是一个神话作家和地理学家，但绝不是一个历史学家。"希罗多德正是朝着自己明确的方向所努力的，威尔斯在总结希罗多德《历史》的价值时，也表达了同样的意思。在希罗多德长篇而详尽的叙述中，虽然有很多小的部分被适当地置于次要的位置，但是这样的安排使得他的作品构成了一个大的整体，而希罗多德乃是进行这样创作的第一人。

但是需要注意的是，希罗多德的整体史观并不只是在于他对于当时所生活的世界诸地区民族的历史的叙述上，更在于他能以一种求真的精神对于所考察的对象作出理性的分析。他敏锐地注意到了生活在这个世界中的各个民族历史发展之间的相互关系，并以批判的眼光和务实的精神对其进行力所能及的比较和分析。诚如他自己所说的，他不仅要记载"希腊人和异邦人的那些值得赞叹的丰功伟绩"，而"特别是为了把他们发生纷争的原因给记载下来"。这是历史研究中理性精神的开端，在这种精神的指导下，他选择好自己写作的对象，大处着眼，小处着手，不仅放眼于整体，且注意到了这一整体中各个地区历史发展的联系，以天才般的写作技巧结合生动活泼的语言创作了横亘古今的这部史作。伯里机敏地注意到一点，他说："如果希罗多德的作品是一部文明史研究，我们还可以认为它具有整体史的某种特征。这种整体并不是空间和时间上的整体，说它不表现在空间上，是因为它没有试图去追溯希腊的历史，而仅仅只是偶然地触及古代的某个时期；说它不表现在空间上，因为它并没有涉及所有的希腊人，同时也没有包括赫卡泰欧斯曾提及的西部地中海的民族。但是从我们所谓的普遍史或世界史（universal history）的层面来说，它有着较高的质量。从集中于一点和注重联系的叙述这一角度来看，各种各样的人的历史在预设的框架下彼此发生着联系，以至于他们在自己的孤立状态下被抽出来，从而获得了在人类共同的历史中所具有的某种要义。"

的确，希罗多德正是朝着这一方向努力的。《历史》所讲的故事在初读者眼里总免不了显得凌乱，但仔细品读，则发现它在内在的逻辑上是有着高度的统一性的，而这种统一性正是在希罗多德注重整体的史观的指引下所实现的。

务实的写作原则

> 尽管希罗多德把记录传说看作他的首要职责，事实上他做的不只是仅仅挽救事实免于湮没，他其实还引导历史研究走向探知未来的和被遗忘的方向。
>
> ——莫米利亚诺《现代史学的古典基础》

希罗多德叙及埃及的祭司们说给他有关狼的故事时，说了这样的话：

> 这些埃及的故事是为了给那些相信这样故事的人来采用的：至于我个人，则在这全部历史里，我的规则是我不管人们告诉我什么，我都把它记录下来。

这种如实直书的写作态度，是希罗多德对待史料时的一种聪明的处理办法。在他讲述一件事而得不到确切的消息时，他会不避繁难，排比诸说，力求公正客观地去作忠实的记载，而不会妄加判断。再比如，在讲述到薛西斯是不是曾真的派了使者去过阿尔哥斯，阿尔哥斯的使节是不是到苏撒去向薛西斯探询他们的友谊的事情时，他承认自己说不确切了。在存疑的情况下，他再次明确地表达了自己的写作原则：

> 至于我本人，则我的职责是我把所听到的一切记录下来，虽然我并没有任何义务来相信每一件事情；对于我的全部历史来说，这个说法我以为都是适用的。

唐纳德·凯利说：这就是希罗多德的面孔，他是一位诚实、客观的历史学家，最终为西塞罗和其他人所尊称为"历史之父"，被迈耶尔称为"人类学之父"，被阿诺德·莫米利亚诺称为在时空方面延伸了知识视野的先锋，他"引导历史研究走向探知未来的和被遗忘的方向"。

我们在《历史》的很多地方，都能看到希罗多德创作时所流露出的这种谨慎的态度。他很明确自己的职责即在于忠实地记录所发生的一切，即使是当对一件事的解释有几种不同的说法时，仍采取照录的态度，比如：

> 在这里我所依据的是这样一些波斯人的叙述，

这些人并不想渲染居鲁士的功业，而是要老老实实地叙述事实，虽然，我知道，关于居鲁士的事情，此外还有三种说法……

这是在传说中最为可信的一个说法，但是我必须还要说一下另一个不甚可信的说法，因为人们也提到过它。

据说在这个岛上有一个湖，当地的少女便用涂着沥青的羽毛从这个湖的泥里挖掘金沙。我不知道这是不是实有其事。我只是把人们传说的写下来而已。

如果对克里奥的童年时代进行一番纵向的考察，则很显然，任何一位细心的观察者都不会漏掉米利都人赫卡泰欧斯。格兰特曾称之为"历史之祖父"，其实也是在对他和希罗多德的写作原则进行比较之余的结论。这位曾勉强参加过爱奥尼亚人叛乱的希罗多德的前辈，在《谱系志》（Genealogiai）的开篇即言：

米利都人赫卡泰欧斯在此声明：我写我认为是真实的东西，因为希腊人的故事是说法不一的，而在我看来那是可笑的。

将赫卡泰欧斯和希罗多德的写作原则进行比较，是很自然而然的事情。从他开篇的"开场白"中，我们能感觉到他

168

在"记事"上所表现出来的坦率是完全不亚于晚生希罗多德的。他在选择事实和想象之间的确找到了一种客观的准则，因为他认为希腊的传说是自相矛盾和荒唐可笑的。他的重要性"不在于他提供了具体的诠释，而在于发现了系统地批评历史传说是可能的和必需的，比较不同的民族传说有利于确认事实"。然而赫卡泰欧斯抱有良好愿望的初衷在历史学刚刚起步的阶段毕竟是存在着方法上的缺陷的。和希罗多德相比，他"不像一个知道很难搜集证据的人，而像一个预先知道证据的人"。由于在记录某一事情之前就已经排除了多种的可能性说法，于是在预设的前提下所进行的理性化取舍对他著述的参考价值造成了不可避免的伤害。莫米利亚诺的分析是值得参考的，他说希罗多德始终坚持的两项原则在赫卡泰欧斯那里是找不到的。第一项是让记录同批评相比时拥有优先权；第二项是区分他自己亲眼见过的和别人告诉他的事情。赫卡泰欧斯仅仅是批评已知的东西，但是希罗多德更在于发现新的事实。虽然他在自己的作品中不厌其烦地对同一传说列举好几种说法，但是"保存传说的职责也意味着发现新的事实这一目的，两者一起构成了新的方式，其中证据的可靠性比对事实的理性评价要更为重要"。卢里叶在对二人作了比较后也说，希罗多德的"主要任务并不是对他的先辈所搜集的东西加以批判，而是细心地搜集和传述新的东西"。

如果作一简单的概括的话，那么，这样的结论无疑是可以接受的，这就是：赫卡泰欧斯坚定地认为自己的义务是只写那些他认为是真实的东西，于是他将自认为是不可信的东西予以剔除，他把纯粹的神话故事加以唯理主义的、肤浅化的处理，从而削弱了自己作品的价值；希罗多德的原则是保存一切甚至是相互矛盾的说法，因为他并没有义务去怀疑真假，于是他有闻必录的原则使其作品在后人看来充满了很多珍贵和可信的信息。从这一点上来说，他比修昔底德的态度也更有值得肯定的地方。就像美国史家肖特维尔所说的那样，如果希罗多德亦持有修昔底德那样的怀疑态度，那他的历史则必然会漏略掉许多最有价值的记载。

有闻必录的写作原则固然为读者提供了相当有价值的历史信息，当然，也使得他易失于轻信而为一些学者所指责，但是"有闻必录"并不等于"毫无考证式的机械笔录"。在面对史料的时候，希罗多德并不像某些学者所认为的"毫无批判地一概接受"，在适当的时候，他并没有一一罗列自己所了解到的几种情况，而是会作出自己的事实判断，这种判断背后所体现出来的乃是一位史家所具有的那种最初的历史批判的眼光。比如：

> 也有的人说，原来的河道的水是完全给疏干了的，但我的看法却不是这样。如果是那样的话，我

不晓得他们在回来时又是怎样渡过了它的。

关于居鲁士的死的传说的确是有很多的，但我只叙述了上面的一种，因为我认为这个说法是最可信的。

他们有一种称为波伊尼克斯的圣鸟……埃及人有一个故事告诉我们这些鸟做些什么事情，但这个故事在我看来是不可信的。

有的人说，波律克拉铁斯派出去的这些萨摩斯人根本没有到达埃及，而是在他们渡海到卡尔帕托司的时候，他们便相互商议，决定不再继续向前走了……另外还有一个说法……但是在我看来，这个说法是不对的……再者，甚至下面的这种假定也是不合理的。

斯基泰人和住在斯基泰的希腊人都说，每年每一个涅乌里斯人都要有一次变成一只狼，这样过几天以后，再恢复原来的形状。至于我本人，我是不能相信这个说法的。

关于这个人（司苦里亚斯）的传说是很多的，其中有些是真实的，有些却未必可信了。至于这件事，这里我要说一说我自己的意见，我认为他是乘着船到阿尔特米西昂的。

如实直书的同时也时刻注重自己的历史判断，这本身就是对原则的一种灵活的运用，也是史家的成熟之处。希罗多德游历甚广，见闻颇丰，对于证据的搜集显示了他作为一位史家对于史料所具有的偏好和敏感。从他的记述中我们会发现，当一件事情存在着很多种说法的时候，他并不会将全部的说法一一道给听众。这就是说，希罗多德并不认为自己有义务将所有的说法都记述出来，而每当他掌握了一个可信的说法时，他就会放弃其他的说法。但是我们并不能因此就机械地得出结论，认为这与希罗多德所谓如实直书原则是矛盾的。在"历史之父"那里，务实的写作原则不仅体现在他如实的记录上，而更体现在他面对史料时所反映出来的那种务实的态度和历史批判的精神。

希罗多德所确立的这种求实的写作原则不仅对希腊罗马史学的发展产生了直接的影响，而且对于后世西方史学的转型和新生也有着莫大的启示。我们可以把始于希罗多德的这种客观求实的写作原则视为近世客观主义史学和实证主义史学的滥觞。兰克这位客观主义史学的鼻祖曾在他的《拉丁和条顿民族史·序言》中这样说："历史指定给本书的任务是评判过去，教导现在，以利于未来。可是本书并不敢期望完成这样崇高的任务。它的目的只不过是说明事情的真实情况而已。"

史家的目的就是按照事情发生的本来面目去记述历史。用兰克自己的话来说也就是"Er will bloss zeigen wie es eigentlich gewesen"，即"事情是怎样就怎样叙述"。英国人古奇对兰克"如实直书"精神的评语是发人深省的："他的不动情感的语调，并不是他持冷淡态度的结果。正因为他很少发表论断，所以他的论断就更有力量。"要实现这一点，史家必须要以超然的态度对待史实，而少作评论。蒙田以冷静的研究而受世人崇敬，他曾告诫说："每当评价有倾向性时，人们会情不自禁地受其影响而曲解书的内容。"显然，"历史之父"是深谙这一点的，而他务实的写作原则以及其中所透露出的历史批判的精神便是很好的说明。

总之，希罗多德的写作方法使他赢得了很高的赞誉。我们不妨在俄国希腊史学者 B.Ⅱ.布捷司库尔的经典评论中来体会希罗多德的史学方法所带来的这种成功吧。他曾在《希腊史导论》中说：

"希罗多德健谈到何等程度，修昔底德对话语的简洁和吝啬便到何等程度。希罗多德越是接近诗，修昔底德便越是接近科学。希罗多德的著作中，吸引我们的是他的题材之无所不包、广泛和宏伟、天真、纯朴和几乎是讲述史诗的人的真诚。"

"历史之父"还是"谎言之父"

——希罗多德的历史地位及影响

在任何的时代里，很少有历史学家，或者说是
作家能像哈利卡尔那索斯的希罗多德那样受到如此
广泛而多样化的评价。

——《剑桥希罗多德指南·序言》

一说起希罗多德，人们普遍冠其以"历史之父"的美
誉，但是对于他被称为"谎言之父"一事却所知不详。自古
至今，人们对希罗多德的阅读形成了两个相反的派别，一种
将他称为"历史之父"，认为他是将事件的原因、结果及其
参与者重要性注入精确叙事中的第一人。但是，始终有一种
批评的意见指向希罗多德，认为他所讲的故事只是传说，其

中多含不可信的成分，从而认为希罗多德是在撒谎。这种对希罗多德的批评古已有之，在后来的发展中逐渐形成了人们所谓的对希罗多德"敌视"的传统，而开启这一传统大门钥匙的人便是他的后辈修昔底德。

修昔底德在自己作品的开篇中就声明："在研究过去的历史而得到我的结论时，我认为我们不能相信传说中的每个细节……但是，我相信，我根据上面的证据而得到的结论是不会有很大的错误的。这比诗人的证据要好些，因为诗人常常夸大他们的主题的重要性；也比散文记事家的证据更好些，因为他们所关心的不在于说出事情的真相而在于引起听众的兴趣。"显然，修昔底德并不是凭空而论，而是有自己的理由的，他所指的散文记事家即是希罗多德。他认为诗人和散文记事家写作的目的并不是求真，而只是在于吸引听众。

根据普鲁塔克的记载，继修昔底德之后，著名的《底比斯编年史》的作者阿里斯托芬于公元前 4 世纪便开始反对希罗多德。虽然这一作品并没能保存下来，但足以说明对希罗多德的批判被延续着。克泰西亚斯尽管多被视为更关心耸人听闻之事，但他更是直接称希罗多德为"说谎之人"和"饶舌之人"。开俄斯人泰奥庞浦斯（约前 380—?）曾被视为一个写作流言的人，但是他也直接说希罗多德是"吹牛之人和骗子"。在古典末期的作家亚里士多德的作品中发现了这位百科全书式的大学者对希罗多德的"敌视"。他在自己的作品中常征引希罗多德的著述，但是他同时也说道，希罗多德是一个"编写神话的人"。同样的，亚里士多德的注释者铁米司提欧斯以及海尔摩盖涅斯等人皆对希罗多德表示了自己的批评。

在罗马时代的作家里，继承了这一传统的作家大有人在，而且这时的批评似乎更甚于前。西塞罗在《论法律》中曾说："对于历史来说，判断一切的标准就是真实……然而，人们在历史之父希罗多德的著作和泰奥庞浦斯的著作中发现了难以数计的编造。"在《论神圣》中，西塞罗指出，克洛伊索斯从德尔菲所求的神谕是希罗多德的有意伪造，并不是真实的。西塞罗在给予希罗多德"历史之父"美名的同时，又给他戴上了"撒谎者"的帽子，这一评论极大地影响了后来的作家对于希罗多德的态度。犹太史家弗拉维优斯·约瑟夫在他有名的那篇《反对阿皮翁》中直接说道："所有人都会发现希罗多德是在说谎。"作家盖里乌斯在《阿提卡之夜》中亦表达着自己对于希罗多德的批评。

当然，不能不提及的还有传记作家普鲁塔克，他对于希罗多德的批评单是他的作品的题目——《论希罗多德的阴险》就已经给人留下了深刻的印象。他开篇即言："迄今为止，尚无人揭露他（*希罗多德*）为骗子。"如果看了他对于希罗多德的批评，读者都会为之一震，因为在普鲁塔克的叙述中，"历史之父"完全成了一个品行卑劣、有意行恶之人。到了近代，对于希罗多德的批评仍在延续，伏尔泰指出希罗多德作品的魅力是建立在虚构的传说基础上的，这就从一定程度上认同了修昔底德最初对于希罗多德的批评。

那么，"历史之父"又何以成了"谎言之父"呢？如何看待对于希罗多德的"敌视"呢？总的来看，可将这种"敌视"分为两类，一种是如修昔底德、亚里士多德等直接指出其作品以传说为主的事实，一种是如泰奥庞浦斯、普鲁塔克等明显带有敌意的攻击。对于后一类，如普鲁塔克对于希罗多德的攻击是有必要加以分析的。普鲁塔克以写英雄传记闻名，他的作品从吸引读者的这一角度来说获得了很大的成功，但是将它作为历史著作却未免有失严谨。再者，读者若读了《论希罗多德的阴险》则不难发现，他是站在为自己祖先辩护的立场上来有意"敌视"希罗多德的。因为他说希罗多德的作品的"主要牺牲品是贝奥提亚人和科林斯人"。在《历史》中，希罗多德是将普鲁塔克的家乡贝奥提亚描绘成希波战争中的叛节者来加以声讨的。因此，虽然他的作品保留了一部分重要的信息，但是他的态度本身是存在严重问题的。正如雅各比指出的那样："崇高而浪漫的语句和对于政治史的任务的完全不理解只会引起我们的遗憾感觉，如果这部著作没有保留这样多从更加古老的论辩借来的非常珍贵的材料的话……普鲁塔克为了祖国的更大的光荣故意鼓吹对事实的极度歪曲……但是从另一方面来说，在普鲁塔克的作品中也有许多地方的材料，这些材料反映了公元前5世纪希腊各国之间的倾轧和竞争。"

对于前一类，即修昔底德和亚里士多德等人对于希罗多德广泛运用传说材料的批评该如何理解呢？其实，聪明的读者不难意识到，对口头传说材料的广泛运用是希罗多德《历史》的一大特色，但是他并没有一味地听信别人的说法，因此他为了求得慎重起见便会不厌其烦地列举诸说。况且，希罗多德本人也在很多地方都会声明什么故事是什么人说的，自己的意见又是什么等等的话。不仅如此，他为了证实某一种传说，还会经常去作实地调查考证，这就是"怀疑"发展为"考证"的最好例子。也就是说，希罗多德并不是完全相信这些传说的，他对于口头材料的"存疑"态度和"求真"精神使得他制定了自己甄别真伪史料的客观标准。

虽然希罗多德的作品含有大量的神话传说故事，但是希罗多德对于这些传说的考证从来都是极为慎重地进行的。比如，他为了对证孟斐斯的祭司们所讲的一句话的真伪而不辞辛苦地亲自去了底比斯和黑里欧波里斯；他还为了海拉克列斯的事情而到腓尼基的推罗那里作了一次海上的旅行；他甚至为了打听关于带翼的蛇的事情而专门远途到阿拉伯的几乎对着布头城的一个地方作调查。这种看来甚至是不足轻重的事情，"历史之父"也会为了他的读者而毫不止步地去证实原委，这样的求真和务实精神难道不值得每一位读者为之起敬吗？所以，正如卢里叶说的，我们不应该过分重视修昔底德等人对于希罗多德的批评。希罗多德之后的历史学家们对于神话产生了一种敌意，而正是这种敌意才使得希罗多德被称为"谎言之父"，从而使得他获得双面人的历史特征。但是正如有些研究者所指出的那样：根据熟悉且古老的说法，历史不正是起源于神话传说吗？而神话传说或许就是真理的一种形式。

雅各比曾说，希罗多德的魅力超越了其他任何的古代作家，认为这一结论是经得起时间考验的。可以说，从希罗多德去世至今的2500多年里，他一直像一颗光芒不减的启明星一样，时时闪烁在历史的夜空里，每一个抬头仰望苍穹的人，总会有意或无意地发现他，发现他闪光的秘密。他的家乡总是为他而骄傲，近期发现的一首公元前2世纪的长诗，内容主要是宣扬哈利卡尔那索斯的荣耀，其中就提及"散文写作中的荷马——希罗多德"；在希腊化时期，希罗多德更是被人们所记忆。根据铭文材料的记载，在帕加马皇家图书馆里就曾伫立着他的雕像，亚历山大里亚的剧场里，他的作品曾被人们公开诵读。在罗马时代，希罗多德更是被历史学家、修辞学家乃至政论家所频频念及，"历史之父"的美名即始于此间；及至近代文艺复兴和启蒙运动时期，希罗多德的魅力仍然不减，从意大利的诗人彼特拉克到法国的思想家孟德斯鸠的作品里，总是能找到他的影子。到了今天，历史学的观念发生了很多的变化，在新史学的推陈出新之中，叙事史的复兴何以不是对于历史叙事体的创立者——希罗多德所作的回响呢？

史学家常被形象地喻为"阎王殿里的判官"，但是古往今来公正不阿的史官又有几人呢？对于过往的人和事的任情褒贬显然要比理解它们容易些，因此这也就成了易犯错误的起点。鉴于此，在阅读希罗多德的《历史》时，不妨参考布洛赫所提倡的那种精神向度：

历史学家正该放下假天使的架子，少一点评判，多一分理解，对古人表一种同情。

年　谱

约前484年　希罗多德出生于小亚细亚的多里亚城市哈利卡尔那索斯。

约前464年　希罗多德叔父、史诗家帕努阿西斯被哈利卡尔那索斯的僭主吕戈达米斯处死。希罗多德受到牵连，遂被迫移居爱奥尼亚人的城市萨摩斯。

约前464年—前454年　希罗多德在萨摩斯。其间，很可能访问了昔兰尼、黑海沿岸地带，尤其是到过黑海以北斯基泰人的居住地；在此之后，他顺着色雷斯沿海顺便访问了马其顿国王亚历山大一世的宫廷，并居住了一段时间。

约前454年　不久希罗多德从马其顿返回萨摩斯；哈利卡尔那索斯发生革命，僭主吕戈达米斯倒台。希罗多德闻讯后即返回家乡，但当他到哈利卡尔那索斯的时候，国内政变已经结束。

约前 454 年—前 447 年　希罗多德开始了漫长的亚洲旅行。他在埃及旅行结束后，便去了推罗。可能顺着幼发拉底河南下到了巴比伦。

约前 447 年　希罗多德返回哈利卡尔那索斯，但发现自己不受欢迎（可能是由于政治原因），于是去了雅典。

约前 447 年—前 443 年　希罗多德在雅典。他游览了希腊本土的很多地方；同时还在雅典和奥林匹亚诵读过自己作品的部分内容；雅典给予他 10 塔兰特的酬金。

约前 443 年　或之后希罗多德参加了雅典人在图里伊的殖民活动。在新城建立后，希罗多德获得了图里伊的公民权身份。

约前 431 年—前 430 年　由于斯巴达人介入图里伊，导致图里伊与雅典的关系变得冷淡。希罗多德因此而重返雅典。

约前 430 年　前后由于伯罗奔尼撒战争的缘故，希罗多德重新返回图里伊。

约前 430 年—前 424 年　希罗多德在图里伊度其余生。其间潜心著述，可能整理了《历史》的部分内容。

约前 424 年　前后正当《历史》快要完成的时候，希罗多德便去世了。

参 考 书 目

1.*Herodotus*, 4 vols.Loeb Classical Library, Harvard Universiiy Press, 1926.

2.*Dio Chrysostomus : Discourses* 1—11, Loeb Classical Library, Harvard University Press, 1932.

3.*Lucian*, vol.1, Loeb Classical Library, Harvard University Press, 1913.

4.*Dionysius of Halicarnassus : Critical Essays*, vol. I&l Ⅱ, Loeb Classical Library, Harvard University Press, 1974.

5.Plutarch.*Maralia*, vol.XI, Loeb Classical Library, Harvard University Press, 1965.

6.*The History of Herodotus*, translated by George Rawlinson, 4 Vol., third edition, London, 1875.

7.Henry Cary.*Herodotus : a New and Literal Version from the Text of Baehr*, Harper's Classical Library, Harper, 1896.

8.Herodotus.*The Histories*, Penguin Books, the Penguin Group, 1972.

9.*The Cambridge Ancient History*, 2 editions, vol.V, Cambridge University Press, 1992.

10.Dahlmann.*The Life of Herodotus Drawn out from His Book*, John W.Parker, 1845.

11.J.Talboys Wheeler.*The Life and Travels of Herodotus in the Fith Century Before Christ*, 2 vols.A.and G.A.Spottiswoode, 1855.

12.E.L.Hicks, G.F.Hill.*A Manual of Greel Historical Inscriptions*, new and revised edition, Oxford University Press, 1901.

13.Denton J.Snider.*The Father of History*, St.Louis, Mo.&Sigma Publishing Co., 1907.

14.J.B.Bury.*The Ancient Greek : Historians*, The Macmillan Company, 1909.

15.M.I.Finley.*The Greel : Historians*, the Viking Press, Inc., 1959.

16.W.W.How &J. Wells.*A Commentary on Herodotus*, 2 vols.Oxford University Press, 1928.

17.Carolyn Dewald&John Marincola, ed., *The Cambridge Companion to Herodotus*, Cambridge University Press, 2006.

18.Egbert J.Bakker&Irene J.F.de Jong ed., *Brill's Companion to Herodotus*, Koninklijke Brill NV, Leiden, The Netherlands, 2002.

19.Michael Grant.*The Ancient History*, Gerald Duckworth&Co.Ltd., 1995.

20.John *Hart.Herodotus and Greek History*, St.Martin's Press, 1982.

21.Frangois Hartog.*The Mirror of Herodotus*, University of California Press, 1988.

22.Detiev Fehling.*Herodotus and His 'Sources'*, Francis Cairns, 1989.

23.J.A.S.Evans.*Herodotus, Explorer of the Past*, Princeton University Press, 1991.

24.Edith Hamilton.*The Greek : Way*, W.W.Norton &Company, Inc.1964.

25.John Boardman, Jasper Griffin &Oswyn Murray, *The Oxford History of the Classical World*, Oxford University Press, 1986.

26.John Warrington.Everyman's Classical Dictionary, J.M.Dent &Sons Ltd, 1661.

27.*The New Encyclopedia Britannica*, Fifteenth

Edition, Encyclopedia Britannica, Inc.1992.

28.*The Encyclopedia Americana,* International Edition, Grolier Incorporated, 1983

29.Charles W. Fornara. *Archaic Times to the End of the Peloponnesian War*, Cambridge University Press, 1983.

30. 希罗多德著, 王以铸译:《历史》, 商务印书馆, 1959 年。

31. 希罗多德著, 王敦书选译:《历史》(节选本), 商务印书馆, 2002 年。

32. 希罗多德著, 徐松岩译:《历史》, 上海三联书店, 2008 年。

33. 希罗多德著, 周永强译:《历史》, 陕西师范大学出版社, 2008 年。

34. 希罗多德著, 吴玉芬、易洪波编译:《希波战争史》, 重庆出版社, 2007 年。

35. 希罗多德著, 侯毅编译:《历史》, 北京出版社, 2008 年。

36. 修昔底德著, 谢德风译:《伯罗奔尼撒战争史》, 商务印书馆, 1960 年。

37. 亚里士多德著, 吴寿彭译:《政治学》, 商务印书馆, 1983 年。

38.亚里士多德著，日知、力野译：《雅典政制》，商务印书馆，1959年。

39.埃斯库罗斯等著，罗念生、杨宪益等译：《古希腊戏剧选》，人民文学出版社，1998年。

40.埃斯库罗斯等著，张竹明、王焕生译：《古希腊悲剧喜剧全集》，译林出版社，2007年。

41.J.W.汤普森著，谢德风译：《历史著作史》，商务印书馆，1996年。

42.威廉·兰格著，刘绪贻等译：《世界史编年手册：古代和中世纪部分》，生活·读书·新知三联书店，1981年。

43.雅斯贝斯著，魏楚雄、俞新天译：《历史的起源与目标》，华夏出版社，1989年。

44.罗素著，何兆武、李约瑟译：《西方哲学史》，商务印书馆，1963年。

45.柯林武德著，何兆武、张文杰译：《历史的观念》，商务印书馆，1997年。

46.马克·布洛赫：《历史学家的技艺》，上海社会科学院出版社，1992年。

47.威尔·杜兰著，幼狮文化公司译：《世界文明史》，东方出版社，1998年。

48.维拉莫威兹著，陈恒译：《古典学的历史》，生活·读书·新知三联书店，2008年。

49.莫米利亚诺著，冯洁音译:《现代史学的古典基础》，华东师范大学出版社，2009年。

50.保罗·卡特里奇主编，郭小凌等译:《剑桥插图古希腊史》，山东画报出版社，2009年。

51.吉尔伯特·默雷著，孙席珍、蒋炳贤等译:《古希腊文学史》，上海译文出版社，1988年。

52.唐纳德·凯利著，陈恒等译:《多面的历史》，生活·读书·新知三联书店，2003年。

53.贡斯当著，阎克文等译:《古代人的自由与现代人的自由》，上海人民出版社，2005年。

54.H.D.F.基托著，徐卫翔等译:《希腊人》，上海人民出版社，2006年。

55.乔治·皮博迪·古奇著，耿淡如译:《十九世纪的历史学与历史学家》，商务印书馆，1989年。

56.波德纳尔斯基编，梁昭锡译:《古代的地理学》，商务印书馆，1986年。

57.保罗·佩迪什著，葛宗夏译:《古代希腊人的地理学》，商务印书馆，1983年。

58.阿尔弗雷德·赫特纳著，王兰生译:《地理学》，商务印书馆，1985年。

188

59. 费尔南·布罗代尔著，蒋明炜等译：《地中海考古：史前史和古代史》，社会科学文献出版社，2005年。

60. 梁启超：《中国历史研究法》（外二种），河北教育出版社，2000年。

61. 朱庭光主编：《外国历史名人传》（古代部分，上册），中国社会科学出版社，1982年。

62. 刘家和：《古代中国与世界——一个古史研究者的思考》，武汉出版社，1995年。

63. 刘明翰主编：《外国历史名著选介》（第一卷），山东教育出版社，1986年。

64. 王晴佳：《西方的历史观念——从古希腊到现代》，华东师范大学出版社，2002年。

65. 张广智：《西方"历史之父"希罗多德》，商务印书馆，1981年。

66. 张广智主著：《西方史学史》（第二版），复旦大学出版社，2009年。

67. 郭小凌：《克里奥的童年——古典西方史学》，辽宁大学出版社，1996年。

68. 郭小凌编著：《西方史学史》，北京师范大学出版社，2009年。

69. 黄洋、晏绍祥：《希腊史研究入门》，北京大学出版社，2009年。

70.孙道天：《古希腊历史遗产》，上海辞书出版社，2004年。

71.李剑鸣：《历史学家的修养和技艺》，上海三联书店，2007年。

72.杨俊明：《〈历史〉导读》，四川教育出版社，2002年。